LES CONTES DE CANTORBÉRY

KTĒMATA

PUBLIÉS SOUS LA DIRECTION DE H. BRAET

—————————————— 5 ——————————————

GEOFFROY CHAUCER

LES CONTES
DE CANTORBÉRY

Ière partie

**Le Prologue Général, Le Conte du Chevalier,
Le Conte du Meunier, Le Conte du Prêtre des Nonnes.**

TRADUCTION FRANÇAISE
AVANT-PROPOS ET NOTES

par

JULIETTE DE CALUWÉ-DOR
Professeur à l'Université de Liège

1999

PEETERS
PARIS – LOUVAIN

© 1999 by PEETERS, Bondgenotenlaan 153, B-3000 Leuven

ISBN 90-429-0747-9 (Peeters Leuven)
ISBN 2-87723-438-X (Peeters France)
D. 1999/0602/36

A Mademoiselle Simonne d´Ardenne.

On a souvent noté que le lecteur francophone n'est guère encouragé lorsqu'il éprouve le désir - pourtant bien légitime - de lire une oeuvre anglaise du moyen âge : ou bien il n'existe aucune traduction française, ou bien la seule traduction connue est épuisée depuis longtemps et malaisément accessible. Ce fut pendant longtemps le cas de la plus grande partie des *Contes de Cantorbéry* de Geoffroy Chaucer. Cette lacune a été récemment comblée par la réédition en "livre de poche" de la traduction que l'on doit à Jean-Pierre Foucher. Mais, si le grand public a pu s'estimer satisfait de découvrir l'oeuvre intégrale sous une forme agréable, les chercheurs et les "curieux" n'ont pu y trouver les informations précises que seule peut transmettre une traduction fidèle. Il est, à ce point de vue, assez étonnant de constater que la plupart des traductions en anglais moderne elles-mêmes se perdent souvent en gloses "para-textuelles". Le philologue confronté avec un problème de compréhension n'y trouve pratiquement aucune aide. Que dire alors du chercheur non angliciste qui voudrait percevoir le sens précis des mots et des phrases lorsqu'il se tourne vers l'oeuvre de Chaucer pour la comparer à une matière qui le concerne de plus près ?

Ce sont ces lecteurs que ma traduction voudrait servir. Son but est de présenter un texte aussi fidèle à celui de Chaucer que la langue française le permet. On n'y trouvera donc aucune recherche esthétique et on ne s'étonnera pas de rencontrer parfois des phrases qui paraîtront longues et lourdes. Contrainte par la force des choses à le trahir sur le plan stylistique,

j´ai voulu faire porter mon effort sur la fidélité philologique.
A peine me suis-je permis quelque variété dans la traduction
des mots-chevilles, nombreux dans certains contes, et des ré-
pétitions, dont on sait que le français a horreur . . .

Mon intention est de publier une traduction complète : le pré-
présent volume correspond à peu près au quart de l´ensemble.
Mon premier dessein était de présenter les textes en suivant
l´ordre établi par F.N.Robinson. *Le Prologue Général, Le
Conte du Chevalier* et *Le Conte du Meunier* suivent cet ordre,
mais j´ai été amenée à m´en écarter pour *Le Conte du Prêtre
des Nonnes.* Il m´a paru intéressant, en effet, de présenter,
dès le premier volume, quelques aspects contrastés de l´art de
l´auteur : un conte chevaleresque (peut-être parodique ?), un
fabliau, et un conte héroïcomique qui atteste la survivance de
l´épopée animale en Angleterre. Au demeurant, les circonstan-
ces imposaient le choix de ce dernier texte, puisqu´il constitue,
en 1977, l´un des sujets de l´agrégation. . .

L´édition sur laquelle je me suis fondée est celle de F.N.
Robinson, à laquelle j´ai déjà fait allusion. C´est de lui que
je présente une traduction "juxtalinéaire", en respectant l´ordre
des vers, les lectures et la ponctuation, sauf toutefois pour quelques rares passages, où il m´a semblé qu´une des éditions plus
récentes (dans la série des petites monographies de Cambridge
University Press) correspondait mieux à la logique du texte ou
présentait un sens plus cohérent. J´ai signalé ces infidélités à
l´édition Robinson dans des notes qui renvoient aux numéros
des vers.

Ces notes ont, dans mon esprit, deux utilités : elles servent à
expliquer le texte ou à justifier une traduction. En principe,
j´ai noté tout ce qui ne pouvait se trouver facilement dans un
dictionnaire encyclopédique courant, qu´il s´agisse d´un nom
de personne, de la date d´une bataille ou d´une quelconque

allusion; j´ai aussi expliqué les mots qui ne sont pas attestés en français moderne mais que j´ai cru bon d´introduire dans ma traduction, non certes par un souci d´archaïsme, qui trahirait l´auteur, mais dans le but de rendre fidèlement la notion, elle-même disparue (par exemple, *bragot*). Dans un même esprit, j´ai conservé parfois le terme anglais (par exemple *yeoman*), lorsque celui-ci ne présente pas d´équivalent satisfaisant en français. Il arrive aussi que le mot français existe mais se soit vidé de son sens premier, qui faisait appel à des notions philosophiques, psychologiques, astronomiques ou astrologiques périmées. Je me suis alors efforcée d´expliquer en note de quoi il s´agissait en fait. Je tiens à reconnaître dans ce domaine ma dette envers l´édition Robinson, les monographies de Cambridge University Press et la critique chaucérienne en général.

* * *

Au moment d´achever ce mot d´introduction, je tiens à remercier Mathieu Falla, licencié en philologie romane, professeur à l´Athénée Royal de Seraing, et auteur dramatique, pour sa collaboration amicale. Il a bien voulu relire et remanier avec moi ma traduction, et surtout réagir à des problèmes auxquels une angliciste finit par ne plus être sensible.

Mes derniers mots seront destinés à capter la bienveillance du lecteur qui serait choqué par le caractère un peu "cru" de certains passages. Qu´il me permette de m´abriter derrière les propos du poète :

> "And therfore every gentil wight I preye,
> For Goddes love, demeth nat that I seye
> Of yvel entente, but for I moot reherce
> Hir tales alle, be they bettre or werse,

Or elles falsen som of my mateere."

(*Prologue du Meunier,* 3171-3175).

("C'est pourquoi je prie toute personne de bien,
Pour l'amour de Dieu, de ne pas croire que je parle
De mauvaise part, mais bien parce que je dois rapporter
Tous leurs contes, qu'ils soient bons ou mauvais,
Ou alors je fausserais une partie de ma matière.")

PROLOGUE GÉNÉRAL

Ici commence le Livre des Contes de Cantorbéry

  Lorsqu´Avril, de ses douces ondées,
  A percé jusqu´à la racine la sécheresse de Mars
  Et baigné chaque tige d´une liqueur
  Capable d´engendrer la fleur;
5 Lorsque Zéphir a, lui aussi, de son souffle doux,
  Suscité, dans chaque plantation et chaque bruyère,
  Les tendres pousses; lorsque le jeune soleil
  A parcouru, dans le Bélier, la seconde moitié de sa course
  Et que les petits oiseaux font un concert,
10 Qui dorment toute la nuit l´oeil ouvert
  (Comme les y poussent la nature et leur ardeur);
  Alors les gens ont envie d´aller en pèlerinage
  Et les paumiers [veulent] gagner des rivages étrangers,
  Des sanctuaires lointains, renommés dans divers pays;
15 Et, du plus loin de chaque Comté
  D´Angleterre, ils prennent surtout la route de Cantorbéry
  Pour faire visite au saint et bienheureux martyr
  Qui les aida lorsqu´ils étaient malades.

  Il advint qu´un jour de cette saison
20 Comme je logeais à Southwark, à l´auberge du Tabard,
  Sur le point d´entreprendre mon pèlerinage
  A Cantorbéry, le coeur rempli d´une ferveur dévote,
  Se présenta à la nuit tombée, en cette hôtellerie,
  Une compagnie d´au moins vingt-neuf personnes,
25 Venant de lieux divers, et réunies

1

Par le hasard : c´étaient tous des pèlerins
Qui voulaient chevaucher vers Cantorbéry.
Les chambres et les écuries étaient larges
Et nous y tenions parfaitement à l´aise.
30 En bref, quand le soleil fut couché,
J´avais si bien bavardé avec chacun d´entre eux
Que je fus aussitôt de leur compagnie
Et nous nous engageâmes à nous lever matin
Pour nous diriger vers l´endroit dont je vous ai parlé.

35 Néanmoins, puisque je dispose de temps et de place,
Avant d´aller plus avant dans ce conte,
Il me semble raisonnable
De vous décrire toute la condition
De chacun, telle qu´elle m´apparut,
40 Quels ils étaient et leur rang
Et aussi dans quel arroi ils se trouvaient.
Je m´attacherai tout d´abord à un chevalier.

Il y avait un *chevalier,* et c´était un homme preux,
Qui, du premier moment qu´il s´était mis
45 En campagne, aima la chevalerie,
La vérité et l´honneur, la libéralité et la courtoisie.
Il s´était montré preux dans les guerres de son seigneur
Pour lesquelles il avait chevauché plus loin qu´aucun autre homme
Aussi bien en Chrétienté qu´en Païenie,
50 Et avait toujours été honoré pour sa prouesse.
Il était à Alexandrie quand la ville fut conquise.
En Prusse, il avait très souvent présidé à table
Au-dessus de toutes les nations;
Il avait guerroyé en Lithuanie et en Russie
55 Plus souvent qu´aucun Chrétien de son rang;
Il avait aussi participé en Grenade
Au siège d´Algésiras, et combattu en Belmarie;
Il était à Ayas et à Attalia
Quand elles furent conquises; et dans la Grande Mer
60 Il avait participé à de nombreuses et nobles expéditions.
Il avait pris part à quinze batailles mortelles
Et, pour notre foi, à Tramissène, s´était battu

2

Trois fois en lice, tuant chaque fois son adversaire.
Ce même preux chevalier avait aussi accompagné
65 Une fois le seigneur de Palathie
Pour combattre un autre païen en Turquie.
Et toujours il recevait le plus haut prix;
Et bien qu´il fût preux, il était sage,
Et d´allure aussi modeste qu´une jeune fille.
70 D´autre part, jamais il n´avait dit une vilenie
De toute sa vie à quiconque.
C´était un vrai et un parfait gentilhomme-chevalier.
Mais, pour ce qui est de son arroi,
[Si] ses chevaux étaient bons, lui n´était pas brillant;
75 Il portait une tunique de futaine
Toute souillée par son haubergeon,
Car il venait à peine de rentrer de voyage,
Et il partait accomplir son pèlerinage.

Avec lui se trouvait son fils, un jeune *écuyer,*
80 Un séducteur et un bachelier plein d´ardeurs
Aux boucles frisées comme au fer.
Il avait vingt ans, je suppose,
Il était de stature moyenne,
Admirablement délié et d´une grande force.
85 Et il avait servi quelquefois dans la cavalerie
En Flandres, en Artois et en Picardie,
Et s´y était bien comporté, malgré le peu de temps,
Dans l´espoir de gagner la faveur de sa dame.
Il était tout brodé, comme une prairie
90 Couverte de fleurs fraîches, blanches et rouges.
Il chantait et flûtait tout le jour;
Il était aussi frais que le mois de mai.
Courte était sa robe, avec des manches longues et larges.
Il s´entendait à se tenir à cheval et à bien cavalerie
95 Il savait composer des chansons, paroles et musique,
Jouter et aussi danser, dessiner et écrire.
Il aimait si ardemment que, de toute la nuit,
Il ne dormait pas plus qu´un rossignol.
Il était courtois, humble et serviable,
100 Et, à table, il découpait les viandes pour son père.

[Le chevalier] avait aussi un *yeoman,* - pas d'autre serviteur
A cette époque, car il lui plaisait de voyager ainsi -
Lequel portait une veste et un chaperon de vert.
A la ceinture, il portait soigneusement
105   Une gerbe de flèches, brillantes et aiguës, empennées de plumes
                                           de paon,
(En bon valet il préparait bien ses armes :
Jamais ses flèches ne retombaient plumes basses)
Et, à la main, il tenait un arc puissant.
Il avait la tête tondue de près et le visage brun,
110   Il connaissait tous les usages de la forêt.
Au bras, il portait une manicle pimpante,
D'un côté une épée et un bouclier,
Et de l'autre une belle dague
Bien ouvrée et aussi tranchante qu'une pointe de lance;
115   Sur sa poitrine un [saint] Christophe d'argent brillant.
Il portait un cor, dont le baudrier était de drap vert.
En vérité, c'était un forestier, je pense.

Il y avait aussi une nonne, une *prieure,*
Dont le sourire était très simple et modeste;
120   Son plus grand serment était par Saint Eloi,
Et on l'appelait Madame Eglantine.
Elle chantait fort bien le service divin,
Qu'elle entonnait fort décemment d'une voix nasale;
Elle parlait bellement le français correct
125   Selon l'école de Stratford - le - Bow
Car elle ignorait le français de Paris.
A table, elle était bien éduquée en tous points :
Elle ne laissait tomber aucun morceau de ses lèvres,
Ne trempait pas trop ses doigts dans la sauce;
130   Elle savait bien porter un morceau et veiller
A ce qu'aucune goutte ne tombât sur sa poitrine.
Elle prenait énormément de plaisir à la courtoisie.
Elle essuyait si bien la lèvre supérieure
Qu'on ne voyait pas la moindre trace de graisse sur sa coupe
135   Quand elle avait bu.
Elle tendait fort posément la main pour prendre son repas
Et à coup sûr elle était de grande liesse,

Et très plaisante, et d´allure aimable,
Et elle s´efforçait d´imiter les manières de la cour,
140   D´avoir des allures imposantes
Et d´être tenue digne de révérence.
Mais, pour vous entretenir de sa conscience,
Elle était si charitable et si pleine de pitié
Qu´elle pleurait si elle voyait une souris
145   Prise au piège, qu´elle fût morte ou saignât.
Elle avait de petits chiens qu´elle nourrissait
De viande rôtie, ou de lait et de pain blanc.
Mais elle pleurait amèrement quand l´un d´eux mourait
Ou si quelqu´un le frappait rudement d´un gourdin.
150   Elle n´était que sentiment et tendresse de coeur.
Sa guimpe était fort dignement pincée,
Son nez était gracieux, ses yeux grisaille comme le verre,
Sa bouche très petite et en même temps douce et rouge;
Elle avait assurément un joli front;
155   Je crois qu´il avait bien un empan de large;
Car, assurément, elle n´était pas chétive.
Son manteau était très élégant, à ce que je remarquai.
Elle portait autour du bras un rosaire dont les petits grains
Étaient de corail et dont les gros étaient verts;
160   Il y pendait une broche d´or brillant
Sur laquelle était d´abord gravé un A couronné,
Et ensuite *Amor vincit omnia.*

    Elle était accompagnée d´une autre *nonne,*
Qui était sa sous-prieure, et de trois prêtres.

165   Il y avait un *moine,* de la plus belle sorte,
Un moine voyageur qui aimait la chasse;
Un homme viril, capable d´être abbé.
Il avait bon nombre de chevaux de choix dans son écurie,
Et, quand il chevauchait, on pouvait entendre sa bride
170   Tintinnabuler dans le vent sifflant aussi clairement
Et aussi fort que le fait la cloche de la chapelle
[Du monastère] où ce seigneur avait cellule.
Parce que la règle de saint Maur ou celle de saint Benoît
Était vieille et un peu rigide,

175   Notre moine laissait ces vieilleries en paix,
       Et il n´était pas le dernier à suivre les moeurs nouvelles.
       Il n´aurait pas donné une poule plumée pour ce texte
       Qui dit que les chasseurs ne sont pas de saints hommes
       Et que le moine indiscipliné
180   Est comparable à un poisson hors de l´eau -
       [Indiscipliné,] c´est-à-dire, un moine hors de son cloître.
       Mais il trouvait que ce texte ne valait pas une huître;
       Et je dis qu´il avait bien raison.
       Pourquoi irait-il étudier et se casser la tête
185   A se pencher constamment sur un livre dans un cloître
       Ou à travailler de ses mains, et à peiner
       Comme [saint] Augustin le demande ? Quel profit en tirerait
                               le monde ?
       Qu´on laisse cet effort à [saint] Augustin.
       C´est pourquoi il était vraiment un hardi cavalier :
190   Il possédait des lévriers aussi rapides que des oiseaux en vol,
       Tout son plaisir était de pister le lièvre et de le chasser,
       Et il n´épargnait pas sa peine.
       J´ai vu ses manches surfilées aux poignets
       Du vair le plus fin du pays;
195   Et, pour tenir son chaperon, sous son menton
       Il avait une bien curieuse épingle d´or ciselé,
       Dont le gros bout se terminait par un lacs d´amour.
       Sa tête était chauve et brillait comme verre,
       De même que sa figure, comme si elle avait été huilée.
200   C´était un seigneur bien gras et en bon point;
       Ses yeux étaient saillants, roulaient dans leurs orbites
       Et brillaient comme des braises sous un chaudron;
       Ses bottes étaient souples, son cheval en grand harnachement.
       C´etait certainement un beau prélat;
205   Il n´avait pas la pâleur d´un fantôme tourmenté.
       De tous les rôtis, c´était un cygne gras qu´il préférait.
       Son palefroi était aussi brun qu´une baie.

       Il y avait un *frère*, folâtre et joyeux,
       Un limiteur, un homme bien plaisant;
210   Dans les quatre ordres, il n´y en avait aucun,
       Qui connût autant de galanterie et de beau langage.

Il avait marié plus d'une jeune femme
A son propre compte.
C'était un noble représentant de son ordre.
215 Il était très aimé et familier
Des franklins de toute sa contrée
Et aussi des femmes de bien de la ville;
Car il avait le pouvoir de confesser,
Ainsi qu'il le disait, plus qu'un curé,
220 Car il était licencié de son ordre.
Bien gentiment il écoutait la confession,
Et son absolution était agréable :
Il était conciliant pour donner la pénitence
Là où il savait qu'il aurait une bonne pitance de fête
225 Car donner à un ordre pauvre
Est signe qu'on est bien confessé;
Si le pécheur donnait, le frère pouvait se vanter
De savoir que son homme était repentant;
Car plus d'un homme a le coeur si dur
230 Qu'il ne peut pleurer même s'il a grande douleur.
C'est pourquoi, au lieu de pleurs et de prières
On doit donner de l'argent aux pauvres frères.
Son capuchon était toujours bourré de couteaux
Et d'épingles pour donner aux jolies filles.
235 A coup sûr il avait une jolie voix,
Il savait bien chanter et jouer de la rote;
Il gagnait tous les concours de chansons.
Son cou était blanc comme la fleur de lys;
En outre il était fort comme un champion.
240 Il connaissait bien les tavernes de chaque village,
Chaque hôtelier et chaque fille de cabaret
Mieux qu'un lépreux ou qu'une mendiante;
Car, pour un homme si noble
Il ne convenait pas, étant donné sa position,
245 De rencontrer des lépreux malades :
Il n'est pas honorable, et cela ne peut servir à rien
D'avoir affaire avec pareille racaille,
Mais bien avec les riches et les marchands de victuailles.
Et, partout où le profit pouvait paraître,
250 Il était courtois et prompt à rendre service.

Nulle part il n´y avait homme aussi vertueux.
C´était le meilleur mendiant de sa maison;
252a [Il donnait un certain fermage pour son privilège,
252b Aucun de ses frères ne pénétrait dans ses limites;]
Car même si une veuve n´avait pas de souliers,
Son *"In principio"* était si agréable
255 Qu´il avait son farthing avant de partir.
Son gain était bien supérieur à sa rente.
Il savait folâtrer comme s´il avait été un chiot.
Les jours d´amour, il était de grand secours,
Car alors il ne ressemblait plus à un cloître,
260 Avec une pèlerine usée jusqu´à la corde comme l´est un
pauvre écolier,
Mais il était mis comme un maître ou un pape.
Sa courte pèlerine était en double Worstead,
L´enveloppant comme une cloche sortant du moule.
Il zézayait quelque peu par coquetterie.
265 Pour rendre son anglais doux à la langue;
Et quand il jouait de la harpe, après avoir chanté,
Ses yeux étincelaient dans sa tête
Tout comme les étoiles dans une nuit glaciale.
Ce valeureux limiteur avait nom Hubert.

270 Il y avait un *marchand* à la barbe fourchue
Vêtu de drap bigarré, haut perché sur son cheval;
Sur la tête, il avait un chapeau de castor de Flandres,
Ses bottes étaient bien élégamment agrafées.
Il donnait très solennellement ses avis
275 Clamant toujours l´accroissement de ses gains.
Il aurait voulu que la mer fût gardée à n´importe quel prix
Entre Middelbourg et Orwell.
Il était habile au change des écus.
Cet excellent homme utilisait habilement son jugement:
280 Personne ne savait qu´il était endetté
Tant ses manières étaient majestueuses
Au cours de ses marchés et de ses emprunts.
Pour sûr c´était un bien excellent homme
Mais, à vrai dire, je ne sais comment on l´appelait.

8

285   Il y avait aussi un *clerc* d'Oxford
        Qui avait appris la logique depuis bien longtemps.
        Son cheval était aussi maigre qu'un râteau
        Et lui n'était pas très gras, je dois dire,
        Mais paraissait creux et grave de plus.
290   Son manteau de dessus était usé jusqu'à la trame;
        Car il ne s'était encore acquis aucun bénéfice
        Et il n'était pas assez mondain pour avoir un office
        Car il préférait avoir à son chevet
        Vingt livres, reliés en noir ou en rouge,
295   D'Aristote et de sa philosophie
        Plutôt que de riches robes ou une viole ou un gai psaltérion.
        Mais bien qu'il fût philosophe,
        Il n'avait que peu d'or dans son coffre;
        Tout ce qu'il pouvait obtenir de ses amis
300   Il le dépensait en livres et en leçons,
        Puis il allait vite prier pour l'âme
        De ceux qui lui donnaient de quoi aller à l'école.
        A ses études, il accordait le plus grand soin et la plus grande
                                  attention
        Il ne disait jamais un mot de plus qu'il n'était besoin
305   Et le faisait avec forme et respect.
        Il était bref et vif et plein de sens;
        Son discours était un plaidoyer pour la vertu morale,
        Il voulait étudier joyeusement et enseigner joyeusement.

        Se trouvait là aussi un *sergent de loi,* prudent et sage,
310   Qui avait souvent été au Parvis,
        Rempli d'excellence.
        Il était discret et très respectable.
        Il semblait tel, ses paroles étaient si sages.
        Il avait souvent été juge aux assises,
315   Par patente et par pleine commission.
        Pour sa science et pour son haut renom
        Il recevait de gros honoraires et beaucoup de robes;
        Il n'y avait aucun aussi gros acquéreur de terrains:
        Tout lui devenait propriété, en effet;
320   Ses acquisitions ne pouvaient être contestées.
        On ne trouvait nulle part homme plus affairé que lui

Mais en fait il paraissait plus affairé qu´il ne l´était.
Il connaissait avec exactitude tous les cas et jugements
Survenus depuis l´époque du roi Guillaume.

325 Il savait écrire et composer un mandat
Et on ne pouvait trouver à redire à ses écrits;
Et il connaissait chaque statut par coeur.
Il chevauchait à son aise dans un manteau de plusieurs couleurs,
Orné d´une ceinture de soie avec de petits ferrets;

330 Je ne vous en conterai pas davantage sur son arroi.

Un *franklin* était en sa compagnie.
Sa barbe était aussi blanche que la marguerite;
Il était d´une complexion sanguine.
Il aimait [manger] le matin une soupe au vin;

335 Vivre dans le délice avait toujours été son habitude,
Car c´était un vrai fils d´Épicure,
Qui considérait que le pur délice
Était vraiment la félicité parfaite.
Il était hospitalier, même très hospitalier,

340 C´était le saint Julien de sa région.
Son pain, sa bière étaient toujours également bons;
Il n´y avait pas d´homme mieux fourni en vins.
Sa maison n´était jamais sans pâté
Poisson ni viande, et en telle quantité

345 Qu´elle regorgeait de plats et de boissons
Et de toutes les friandises que l´on pouvait imaginer.
Suivant les diverses saisons de l´année
Il changeait son menu et son souper.
Il avait plus d´une grasse perdrix en volière

350 Et plus d´une brème et d´un brochet en vivier.
Gare à son cuisinier si sa sauce n´était point
Relevée et piquante, et toute sa batterie en bon état.
Sa table dans la grande salle n´était jamais repliée
Mais restait dressée à longueur de journée.

355 Aux sessions, il siégeait en seigneur et maître;
Il avait souvent été le représentant de son comté.
Une dague et une bourse toute en soie
Pendaient à sa ceinture, blanche comme le lait du matin.
Il avait été shériff et vérificateur des comptes.

360 Nulle part ne se trouvait aussi valeureux vavasseur.

10

Il y avait aussi un *chapelier* et un *charpentier*,
Un *tisserand,* un *teinturier* et un *tapissier,* –
Ils étaient tous habillés d'une livrée
D'une importante et grande corporation.

365 Leur accoutrement était tout fraîchement et nouvellement orné;
Leurs couteaux n'étaient pas recouverts de cuivre
Mais entièrement d'argent; leurs ceintures
Et leurs poches étaient entièrement et joliment décorées.
Chacun d'eux ressemblait à un bourgeois suffisamment grand
370 Pour siéger dans une maison de la guilde, sous un dais.
Chacun, pour sa sagesse
Était susceptible de devenir un doyen.
Car ils avaient assez de capital et de rente,
Et leurs épouses aussi l'auraient accepté volontiers;
375 Sinon, à coup sûr, elles auraient dû être blâmées.
Cela fait bien d'être appelée "Madame",
Et d'aller aux vigiles devant toutes les autres
Et d'avoir un manteau royalement porté.

Ils avaient avec eux un *cuisinier* pour le voyage,
380 Afin de bouillir les poulets avec les os à moelle
Et un assaisonnement piquant et du souchet.
Il savait bien reconnaître un coup de bière de Londres.
Il savait rôtir, bouillir et griller et frire,
Et faire du mortreux et cuire un bon pâté.
385 Mais il me sembla que c'était bien triste
Qu'il ait un ulcère à la jambe,
Car dans le blanc-manger il mettait ce qu'il y avait de meilleur.

Il y avait un *marin,* vivant bien loin à l'ouest,
Pour ce que j'en sus, il était de Dartmouth.
390 Il chevauchait sur un roussin, comme il pouvait,
Vêtu d'une robe de grosse laine qui lui tombait jusqu'aux genoux.
Il avait une dague pendant au bout d'une corde
Autour de son cou, et descendant sous son bras.
Le chaud été avait rendu son teint tout basané;
395 Et à coup sûr c'était un bon gars.
Il avait vidé plus d'un coup de vin
De la cargaison de Bordeaux, pendant que le marchand dormait.

Il n'avait pas de problèmes de conscience.
S'il se battait et s'il avait le dessus,
400   Il renvoyait ses ennemis chez eux en les faisant passer
                              par-dessus bord.
Quant à son don pour calculer les marées
Les courants et tous les risques qu'il côtoyait,
Pour déterminer les ports, les lunes et le pilotage,
Il n'avait pas son pareil de Hull à Carthagène.
405   Il était hardi et sage dans ses entreprises;
Sa barbe avait été secouée par plus d'une tempête.
Il connaissait tous les ports, tels qu'ils étaient,
Du Gotland au cap Finisterre,
Et chaque crique de Bretagne et d'Espagne.
410   Son navire s'appelait "La Madeleine".

Avec nous, il y avait un *docteur en médecine;*
Dans le monde entier il n'avait son pareil
Pour parler médecine et chirurgie.
Comme il connaissait bien l'astronomie,
415   Il protégeait son patient avec le plus grand soin
Aux [mauvaises] heures par sa magie naturelle.
Il savait bien choisir l'ascendant
Pour les images destinées à son patient.
Il connaissait la cause de toutes les maladies,
420   Que ce fût le chaud, le froid, l'humide ou le sec,
Où elles avaient été engendrées, et par quelle humeur.
C'était un vrai, un parfait praticien :
Une fois la cause et la racine du mal connues,
Tout de suite il donnait un remède au malade.
425   Ses apothicaires étaient toujours prêts
A lui envoyer drogues et électuaires,
Car chacun d'eux faisait gagner [de l'argent] à l'autre.
Leur amitié n'en était pas à ses débuts.
Il connaissait bien le vieil Esculape,
430   Et Dioscoride, et aussi Rufus,
Le vieil Hippocrate, Hali, Galien,
Sérapion, Rhazis, et Avicenne,
Averroès, Damascène, et Constantin,
Bernard, et Gatisden, et Gilbertin.

435 Il était mesuré dans son régime
Car il ne contenait rien de superflu,
Mais des aliments bien nourrissants et digestes.
Son étude de la Bible était superficielle.
Il était tout habillé de cramoisi et de bleu de Perse,
440 Doublé de taffetas et de cendal;
Et pourtant il n'était pas porté sur la dépense;
Il gardait ce qu'il avait gagné en temps de peste.
Car en médecine l'or est un cordial,
C'est pourquoi il aimait tout particulièrement l'or.

445   Il y avait une brave *femme* des environs *de Bath*
Mais elle était un peu sourde et c'était dommage.
Elle avait une telle pratique en tissage
Qu'elle surpassait les gens d'Ypres et de Gand.
Dans la paroisse il n'y avait femme
450 Qui pût passer devant elle à l'offrande;
Et s'il s'en trouvait une, à coup sûr elle était tellement furieuse
Qu'elle en oubliait toute charité.
Ses coiffes étaient d'une trame très fine :
Je parierais que pesaient dix livres
455 Celles qui étaient sur sa tête le dimanche.
Ses bas étaient d'une écarlate fine,
Fort bien tirés, et ses souliers étaient tout neufs.
Son visage était audacieux, joli et de teint rouge.
Elle avait été une femme valeureuse toute sa vie :
460 Elle avait conduit cinq maris à la porte de l'église
Sans parler de ses autres compagnons de jeunesse,
 - Mais ce n'est pas le moment de parler de tout ceci.
Par trois fois elle avait été à Jérusalem;
Elle avait traversé bon nombre de fleuves étrangers;
465 Elle avait été à Rome et à Boulogne,
A Saint-Jacques en Galice, et à Cologne.
Elle était ferrée en matière de voyages.
Elle avait, il faut le dire, les dents de la chance.
Elle était assise, bien à l'aise, sur une haquenée,
470 Bien enveloppée d'une guimpe, et portait sur la tête un chapeau
Aussi large qu'un bouclier ou qu'une targe;
[Elle avait] une jupe d'amazone autour de ses larges hanches,

Et aux pieds une paire d'éperons pointus.

En société, elle savait rire et causer

475 Par bonne fortune, elle était experte en remèdes d'amour

Car elle connaissait la vieille danse de cet art.

Il y avait un brave homme de religion,

C'était un pauvre *curé de village*

Mais il était riche en pensées et oeuvres sacrées.

480 C'était aussi un érudit, un clerc,

Qui voulait prêcher fidèlement l'Évangile du Christ;

Il voulait instruire dévotement ses paroissiens.

Il était bienveillant et merveilleusement diligent,

Très patient dans l'adversité,

485 Et s'était souvent avéré tel.

Il détestait excommunier pour ses dîmes

Mais préférait, sans aucun doute, donner

A ses pauvres paroissiens une partie

Des offrandes reçues et de ses propres biens.

490 Il savait se satisfaire de peu de choses.

Sa paroisse était étendue, avec des maisons fort disséminées,

Mais il ne manquait pourtant ni par pluie ni par orage,

Qu'il fût malade ou dans la peine, de visiter

Le plus éloigné de ses paroissiens, grand ou petit,

495 A pied et un bâton à la main.

Il donnait ce noble exemple à ses brebis :

Agir d'abord, enseigner ensuite.

Il avait repris ces mots à l'Évangile

Et il y ajoutait cette image aussi :

500 "Si l'or se rouille, qu'en sera-t-il du fer ? "

Car si un prêtre, à qui nous faisons confiance, est corrompu,

Il n'est pas étonnant qu'un laïc se rouille;

Et, si un prêtre y réfléchit bien, c'est une honte

D'avoir un berger souillé et une brebis propre.

505 Un prêtre devrait bien donner l'exemple

Par sa propreté, et [montrer] comment ses brebis devraient vivre.

Il ne donnait pas son bénéfice en location,

Ne laissait pas ses brebis dans le bourbier

Pour courir à Londres à Saint-Paul

510 S'assurer une chantrerie pour les âmes,

14

Ou se faire élire dans une confrérie;
Mais il restait à la maison et gardait bien son troupeau
De manière à ce que le loup ne lui fasse aucun tort;
C'était un berger et non un mercenaire.
515   Et, bien qu'il fût saint et vertueux,
Il n'était pas méprisant envers les pécheurs,
Son discours [n'était] ni arrogant ni hautain;
Mais il était réservé et bienveillant dans ses leçons.
Attirer les gens au ciel par la bonté
520   Et par le bon exemple, telle était son occupation.
Mais, si quelqu'un se montrait obstiné,
Qui qu'il fût, de haute ou de basse extraction,
Il le réprimandait sévèrement, par ma foi.
De meilleur prêtre, je crois qu'il n'en est nulle part.
525   Il ne cherchait ni pompe ni révérence
Ni n'avait la conscience trop relevée,
Mais il enseignait la doctrine du Christ et de ses douze apôtres,
Et la suivait lui-même le premier.

Avec lui se trouvait un *laboureur,* son frère,
530   Qui avait transporté bon nombre de charretées de fumier;
C'était un vrai et bon travailleur
Vivant dans la paix et la charité parfaite.
Il aimait Dieu par-dessus tout, et de tout son coeur,
A tout moment, qu'il eût plaisir ou peine,
535   Et ensuite il aimait son prochain comme lui-même.
Il battait le blé, creusait des fossés et bêchait,
Par amour du Christ, pour les pauvres gens,
Sans salaire, si c'était en son pouvoir.
Il payait ses dîmes bien correctement
[De ce qu'il retirait] à la fois de son propre travail et de son
capital.
540   Vêtu d'un tabard, il chevauchait sur une jument.

Il y avait aussi un *intendant* et un *meunier,*
Un *semoneur* et un *pardonneur,*
Un *économe,* et moi-même; il n'y en avait point d'autre.

545   Le *meunier* était par ma foi un solide gaillard;
Il était bien musclé et avait une bonne ossature :

C´était bien prouvé, car partout où il allait
Dans les épreuves de lutte, il remportait toujours le bélier.
Il était trapu, large, avec un corps noueux;
550 Il n´y avait porte qu´il ne pût soulever de ses gonds
Ou casser en l´enfonçant de la tête.
Sa barbe était rouge comme une truie ou un renard,
Et de plus elle était large comme une bêche.
Sur le bout droit de son nez il avait
555 Une verrue sur laquelle se dressait une touffe de poils,
Rouges comme les soies des oreilles d´une truie;
Ses narines étaient noires et larges.
Il portait au côté une épée et un bouclier.
Sa bouche était aussi grande qu´un grand four.
560 C´était un jongleur et un goliard;
[Et ses propos] n´étaient que péché et paillardises.
Il savait bien voler le blé et se faire payer trois fois
Et cependant il avait un pouce en or, pardi !
Il portait une cotte blanche et un chaperon bleu.
565 Il savait jouer de la cornemuse et la faire sonner,
Et, c´est ainsi qu´il nous fit sortir de la ville.

Il y avait un aimable *économe* d´un Temple,
Duquel les acheteurs pouvaient prendre exemple
Pour être sages dans l´achat des victuailles;
570 Car, qu´il payât ou qu´il prît à crédit,
De toute manière il guettait si bien son achat
Qu´il était toujours le premier et en bonne posture.
Ne pensez-vous pas que c´est une bien belle intervention de Dieu
Que l´esprit d´un homme aussi ignorant surpasse
575 La sagesse d´un tas de savants ?
Des maîtres, il en avait plus de trente,
Qui étaient experts et curieux [en matière] de loi
Et dont une douzaine de cette maison
Étaient dignes d´être régisseurs des rentes et des terres
580 De tout seigneur d´Angleterre,
Pour le faire vivre de son propre bien
Honorablement et sans dettes sauf si [son seigneur] était fou,
Ou vivre aussi sobrement qu´il pouvait le souhaiter;
Et capables aussi d´aider tout un comté

585   En n'importe quel hasard qui puisse arriver ou survenir;
       Et pourtant, cet économe les mettait tous dans sa poche.

       L'*intendant* était un homme mince et colérique.
       Sa barbe était rasée d'aussi près que possible;
       Ses cheveux étaient coupés bien en rond autour des oreilles.
590   Et devant ils étaient taillés comme ceux d'un prêtre.
       Ses jambes étaient très longues et très maigres,
       Comme des bâtons; on n'y voyait pas le moindre mollet.
       Il s'entendait à tenir un grenier et un coffre;
       Aucun contrôleur ne l'emportait sur lui.
595   Il connaissait bien, d'après la sécheresse ou la pluie,
       Le rendement de sa semence et de son grain.
       Les moutons de son seigneur, son bétail, sa laiterie,
       Ses cochons, ses chevaux, ses provisions et sa volaille
       Étaient entièrement sous la gouvernance de cet intendant
600   Qui en rendait compte à sa guise
       Depuis que son seigneur avait vingt ans.
       Personne ne pouvait lui payer en retard d'arrérages.
       Il n'y avait bailli, ni berger, ni autre valet
       Dont il ne connût les artifices et les tromperies.
605   Ils avaient peur de lui comme de la mort.
       Sa maison était très jolie, située sur une lande;
       L'endroit était ombragé d'arbres verts.
       Il savait mieux acheter que son seigneur
       Il s'était enrichi en secret :
610   Il savait fort subtilement plaire à son seigneur
       En lui donnant ou en lui prêtant de son propre bien,
       Et recevoir un merci, et même une cotte et un chaperon.
       Dans sa jeunesse il avait appris un bon métier;
       C'était un bon artisan, un charpentier.
615   Cet intendant montait un fort bon étalon,
       Qui était tout gris pommelé et s'appelait Scot.
       Il avait un long surcot bleu de Perse,
       Et portait une épée rouillée à son côté.
       Cet intendant, dont je vous parle, était du Norfolk,
620   Des environs d'un village appelé Bawdswell.
       Il était tout serré par sa ceinture, comme un frère,
       Et toujours il chevauchait le dernier de notre groupe.

Un *semoneur* était avec nous en cet endroit,
Il avait un visage rouge feu comme un chérubin,
625 Car il était pustuleux et [avait] de petits yeux.
Il était aussi chaud et lubrique qu'un moineau,
Avec des sourcils noirs et galeux et une barbe rare.
Les enfants avaient peur de son visage.
Il n'y avait vif-argent, litharge, soufre,
630 Borax, céruse, huile de tartre,
Ni onguent pour nettoyer et mordre
Qui pût le débarrasser de ses boutons blancs
Ni des verrues qu'il avait sur les joues.
Il aimait beaucoup l'ail, les oignons, et aussi les poireaux,
635 Et, pour boire, un vin fort, rouge comme du sang;
Alors, il parlait et criait comme s'il avait été fou :
Et, quand il avait bien bu le vin,
Alors il ne parlait plus que latin.
Il possédait quelques termes, deux ou trois,
640 Qu'il avait appris dans quelque décret
   – Cela n'a rien d'étonnant, il en entendait toute la journée;
Et puis, vous savez bien qu'un geai
Peut crier Watte aussi bien que le pape.
Mais, si quelqu'un voulait le tâter sur d'autres choses,
645 On voyait alors qu'il avait épuisé toute sa philosophie;
Et toujours il criait *Questio quid iuris.*
C'était un aimable et gentil ribaud,
On n'aurait pu trouver de meilleur garçon.
Il acceptait que, pour un quart de vin,
650 Un brave gars prenne sa concubine
Douze mois, et l'excusait pleinement;
Et il savait bien, lui aussi, plumer un pigeon en secret.
Et, s'il rencontrait un bon gars,
Il lui apprenait à ne pas avoir peur,
655 En pareil cas, de l'excommunication de l'archidiacre
Car, à moins que l'âme d'un homme ne soit dans sa bourse,
Ce n'est que dans sa bourse qu'il serait puni.
"La bourse est l'enfer de l'archidiacre", disait-il.
Mais je sais bien, moi, qu'il mentait en fait;
660 De l'excommunication tout coupable devrait avoir peur,
Car, tout comme l'absolution sauve, l'excommunication tue.

18

De même, [il devait] avoir peur d'un *Significavit.*
Il contrôlait à sa guise
La jeunesse du diocèse,
665   Il connaissait bien leurs secrets, et était leur seul conseil.
Il s'était mis sur la tête une guirlande
Grande comme une enseigne de cabaret.
Il s'était fait un bouclier d'une miche.

Avec lui chevauchait un aimable *pardonneur*
670   De Roncevaux, son ami et son compère,
Venu tout droit de la cour de Rome.
Il chantait bien haut "Viens ici mon amour, près de moi ! "
Le semoneur le soutenait d'un bourdon solide.
Jamais trompe ne fit la moitié de ce bruit.
675   Ce pardonneur avait des cheveux aussi jaunes que de la cire,
Mais ils pendaient aussi mollement qu'un écheveau de lin;
Les boucles qu'il avait pendaient par petites touffes,
Et il en recouvrait ses épaules;
Ses cheveux tombaient en copeaux séparés.
680   Par coquetterie, il ne portait pas de chaperon
Mais l'avait troussé dans sa malle.
Il pensait qu'il chevauchait à la toute nouvelle mode;
Échevelé, il allait tête nue, mis à part un bonnet.
Ses yeux luisaient comme ceux d'un lièvre.
685   Il avait cousu une véronique sur son bonnet.
Il portait sa malle devant lui, contre son giron,
Toute pleine d'indulgences, venues toutes chaudes de Rome.
Il avait la voix grêle comme celle d'une chèvre.
Il n'avait pas de barbe et n'en aurait jamais;
690   [Sa peau] était aussi douce que s'il était fraîchement rasé.
Je croyais que c'était un hongre ou une jument.
Mais, dans sa partie, de Berwick jusqu'à Ware,
Il n'y avait pas un pareil pardonneur.
Car, dans sa malle il avait une taie d'oreiller
695   Dont il disait que c'était le voile de Notre-Dame :
Il disait qu'il avait un fragment de la voile
De saint Pierre, quand il voguait sur la mer,
Jusqu'à ce que Jésus-Christ l'appelât.
Il avait une croix de laiton pleine de pierres,

700 Et dans un verre il avait des os de cochon.
     Mais, avec ses reliques, quand il trouvait
     Un pauvre curé de campagne,
     En un jour il se faisait plus d´argent
     Que le curé ne s´en faisait en deux mois;
705 Et ainsi, avec de feintes flatteries rusées et des trucs
     Il transformait le curé et les fidèles en singes.
     Mais, pour dire finalement la vérité,
     Il était à l´église un noble ecclésiastique.
     Il s´y entendait à lire la leçon ou une parabole,
710 Mais c´était surtout l´offertoire qu´il chantait bien,
     Car, il savait bien que, quand le chant était chanté,
     Il devait prêcher et bien affûter sa langue
     Pour gagner de l´argent, comme il savait si bien le faire;
     C´est pourquoi il chantait le plus gaiement et le plus fort.

715   Maintenant, je vous ai dit dans des termes brefs et concis
     La condition, l´arroi, le nombre de cette compagnie,
     Ainsi que la raison pour laquelle elle s´était assemblée
     A Southwark, dans cette aimable auberge
     Qui avait nom Le Tabard, tout près de La Cloche.
720 Mais il est temps maintenant que je vous dise
     Comment nous nous comportâmes cette même nuit
     Où nous mîmes pied à terre en cette hôtellerie;
     Et ensuite, je vous raconterai notre voyage
     Et tout le reste de notre pèlerinage.
725 Mais, d´abord, je vous prie, par courtoisie,
     De ne pas l´imputer à ma vilenie
     Si je vous parle platement dans cette histoire
     Pour vous rapporter leurs paroles et leur attitude,
     Ni si je vous répète leurs paroles fidèlement.
730 Car, vous savez aussi bien que moi
     Que, quiconque rapporte un conte d´après un autre
     Doit répéter aussi fidèlement que possible
     Chaque mot, s´il a le sens de sa responsabilité,
     Même s´il ne parle jamais aussi grossièrement ni aussi
                              librement d´habitude,
735 Sinon, il doit raconter une histoire fausse
     Falsifier les choses ou trouver de nouveaux mots

Il ne doit rien épargner, même s'il s'agissait de son frère;
Il doit aussi bien dire un mot qu'un autre,
Le Christ lui-même parlait très librement dans l'Écriture sainte,
740   Et vous savez bien que ce n'est pas une vilenie.
Platon dit aussi, pour qui sait le lire,
Que les mots doivent être les cousins des actions.
Je vous demande aussi de me pardonner
Si je n'ai pas placé les gens selon leur rang
745   Ici dans ce conte, comme ils devraient l'être.
Mon génie est petit, vous le comprenez bien.

    Notre Hôte nous fit bon accueil à tous,
Et il nous installa de suite pour le souper.
Il nous servit les meilleures victuailles;
750   Le vin était fort, et nous avions grand plaisir à boire.
D'ailleurs, *notre Hôte* était un homme avenant,
Capable d'être majordome dans un château.
C'était un homme fort, aux yeux saillants
    - Il n'y avait pas plus beau bourgeois à Cheapside-
755   Hardi dans son discours, sage et bien instruit,
Il ne lui manquait rien de ce qui fait un homme;
De plus, il était un joyeux compagnon,
Et, après le souper, il commença à plaisanter
Et à parler, entre autres choses, de distractions
760   - Quand nous eûmes réglé nos additions.
Il dit ainsi : "Voilà, Mes seigneurs, en vérité,
Vous êtes cordialement bienvenus chez moi;
Car, par ma foi, si je ne mens pas,
Je n'ai vu cette année aucune compagnie aussi joyeuse
765   Rassemblée dans cette auberge comme maintenant.
Je voudrais vous procurer des distractions, si je savais comment.
Et, je viens justement de penser à une distraction
Pour vous rendre aise, et qui ne vous coûtera rien.

    Vous allez à Cantorbéry - Que Dieu vous y mène vite
770   Et que le saint martyr vous accorde votre récompense !
Et je sais bien que, quand vous serez en chemin,
Vous projetez de vous conter des histoires et de vous amuser;
Car, en vérité, il n'est ni agréable ni distrayant

De chevaucher par les chemins muet comme une carpe;
775 C'est pourquoi je vais vous préparer un jeu
Comme je vous l'ai dit tantôt, et vous donner quelque agrément.
Et, s'il vous plaît à tous, d'un commun accord,
De vous soumettre à mon jugement,
Et de faire ce que je vais vous dire,
780 Demain, quand vous chevaucherez par les routes,
Eh bien, par l'âme de mon défunt père,
Si vous n'êtes pas joyeux, je veux bien y laisser ma tête !
Levez vos mains, sans autre discours."

Il ne nous fallut guère de temps pour nous décider.
785 Il nous sembla que cela ne valait pas la peine d'en délibérer.
Nous lui donnâmes raison sans plus d'avis,
Et lui demandâmes de rendre son verdict, ainsi qu'il le souhaitait.
"Messires", dit-il, "écoutez-moi bien,
Mais ne le prenez pas, je vous en prie, avec dédain.
790 Voici l'affaire en deux mots :
Que chacun d'entre vous, pour abréger notre chemin,
Dise deux contes pendant son voyage
Vers Cantorbéry, voilà mon avis,
Et, au retour, il en dira deux autres,
795 [Qui parleront] d'aventures du temps jadis.
Et, celui d'entre vous qui se comportera le mieux
(C'est-à-dire, dans ce cas, qui racontera
Les histoires les plus édifiantes et les plus plaisantes)
Soupera à nos frais à tous,
800 Ici en cet endroit, à cette enseigne,
Quand nous reviendrons de Cantorbéry.
Et, pour vous rendre encore plus joyeux,
Je chevaucherai volontiers avec vous
A mes propres frais, et serai votre guide;
805 Et quiconque voudra contredire mon jugement
Paiera tout ce que nous aurons dépensé en chemin.
Et, si vous acceptez qu'il en soit ainsi,
Dites-le moi tout de suite, sans autre commentaire,
Et je me préparerai à partir de bonne heure."

810 La chose fut accordée et nous prêtâmes serment

De très bon coeur, et nous le priâmes aussi
De bien vouloir accepter de le faire,
Et d´être notre chef,
Le juge et l´arbitre de nos contes,
815   De fixer le prix d´un souper,
Alors nous le laisserions nous diriger à sa guise
En tous points; et ainsi, d´un commun accord,
Nous acceptâmes sa suggestion.
Et là-dessus, on alla immédiatement quérir le vin;
820   Nous bûmes, puis chacun alla se coucher
Sans plus attendre.

Le lendemain, quand le jour commença à poindre,
Notre Hôte se leva et fut notre coq à tous;
Il nous rassembla tous en un troupeau
825   Et nous chevauchâmes, un peu plus vite qu´au pas,
Jusqu´à l´abreuvoir de Saint Thomas;
Là notre Hôte arrêta son cheval
Et dit : "Messires, écoutez, s´il vous plaît;
Vous connaissez votre engagement, et je vous le rappelle.
830   Si vêpres et matines s´accordent,
Voyons maintenant qui dira le premier conte.
Aussi vrai que j´espère toujours boire du vin et de la bière,
Quiconque sera rebelle à mon jugement
Paiera tout ce qui aura été dépensé en chemin.
835   Tirez maintenant à la courte paille, avant d´aller plus loin;
Celui qui aura la plus courte commencera."
"Sire Chevalier", dit-il, "mon seigneur et mon maître,
Tirez maintenant à la courte paille, car c´est mon souhait.
Approchez", dit-il, "Madame la Prieure.
840   Et vous, messire Clerc, laissez votre gêne
Et n´étudiez plus; que tout le monde tire."
Immédiatement, chacun se mit à tirer à la courte paille,
Et, pour vous dire brièvement ce qu´il en fut, .
Que ce fût par aventure, par sort ou hasard,
845   Le fait est que la paille échut au Chevalier,
Ce dont chacun fut joyeux et content,
Et qu´il devait dire son conte, comme il était juste
D´après l´engagement et la convention,

Ainsi que vous l'avez entendu. Pourquoi en dire plus ?

850   Et, quand ce brave homme vit qu'il en était ainsi,

Comme il était sage et prêt

A suivre l'engagement pris librement,

Il dit, "Puisque je dois commencer le jeu,

Vive la courte paille, par Dieu !

855   Chevauchons donc, et écoutez ce que je vais vous dire."

Sur ces mots nous reprîmes notre chemin

Et il commença, sur un ton très joyeux,

Son conte, sans plus attendre, et raconta, comme vous

pouvez l'entendre :

LE CONTE DU CHEVALIER

Ici commence le Conte du Chevalier

Iamque domos patrias, Scithice post aspera gentis
Prelia, laurigero, etc. . .

Jadis, comme nous le disent les vieux contes,
860   Il y avait un duc qui s'appelait Thésée;
Il était seigneur et gouverneur d'Athènes;
Et en son temps un tel conquérant
Qu'il n'y en avait pas de plus grand sous le soleil.
Il avait conquis bon nombre de riches pays;
865   Par sa sagesse et son esprit chevaleresque,
Il conquit tout le royaume de Féminie,
Autrefois appelé Scythie;
Il épousa la reine Hippolyte
Et la ramena avec lui en son pays
870   Avec grande gloire et force solennité,
Ainsi que sa jeune soeur Émilie.
Donc, tout à sa victoire, et en musique
Je laisse ce noble duc se rendre à Athènes
Avec toute son armée en armes à ses côtés.

875   Et certes, si ce n'était trop long à écouter,
Je vous aurais raconté entièrement la manière
Dont fut conquis le royaume de Féminie
Par Thésée et par sa chevalerie;
Et la grande bataille
880   Entre les Athéniens et les Amazones;
Et comment fut assiégée Hippolyte,
La belle et fière reine de Scythie;
Et la fête qu'il y eut pour ses noces
Et la tempête quand elle rentra chez elle;
885   Mais je dois m'abstenir de tout cela.

J´ai, Dieu le sait, un grand champ à labourer
Et les boeufs de ma charrue sont faibles.
Le reste du conte est suffisamment long.
Je ne voudrais retarder personne de cette compagnie;
890   Que chacun raconte son histoire
Et que l´on sache qui gagnera le souper;
Je recommencerai donc où je me suis arrêté.

Quand le duc dont je vous parle
Eut presque atteint la ville
895   Dans toute sa prospérité et en toute fierté
Il aperçut, en regardant autour de lui,
Agenouillées sur la grand-route
Une compagnie de dames, deux par deux,
Les unes derrière les autres, vêtues d´habits noirs;
900   Elles poussaient de tels cris et menaient un tel deuil
Qu´aucune créature vivante dans ce monde
N´avait entendu pareille lamentation;
Et elles refusaient de cesser leurs cris
Avant d´avoir saisi la bride de ses rênes.
905   "Qui êtes-vous, vous qui, à mon retour,
Perturbez ainsi ma fête de vos cris ? ",
Dit Thésée. "Jalousez-vous tellement
Mon honneur, pour vous plaindre et crier ainsi ?
Quelqu´un vous a-t-il insultées ou offensées ?
910   Dites-moi si cela peut être réparé
Et pourquoi vous êtes ainsi de noir vêtues."
La plus âgée de toutes ces dames parla,
Après avoir défailli avec l´apparence d´une morte,
C´était une pitié de la voir et de l´entendre.
915   Elle dit : "Seigneur, à qui la Fortune a donné
La Victoire et de vivre comme un conquérant,
Ta gloire et ton honneur ne nous affligent nullement,
Mais nous implorons ta pitié et ton secours.
Aie pitié de notre malheur et de notre détresse !
920   Verse quelques larmes de pitié, dans ta noblesse,
Sur nous, pauvres femmes.
Car en vérité, Seigneur, il n´est aucune parmi nous
Qui n´ait été duchesse ou reine.

Maintenant nous sommes captives, comme cela se voit,

925 A cause de la Fortune et de sa roue trompeuse,
Qui n'assure aucun état avec sécurité.
Et certes, Seigneur, pour affronter ta présence
Ici, dans ce temple de la déesse Clémence,
Nous avons attendu pendant ces quinze jours.

930 Maintenant, aide-nous, Seigneur, puisque c'est en ton pouvoir.
Moi, malheureuse qui pleure et me lamente ainsi,
J'ai été jadis l'épouse du roi Capanée,
Qui mourut à Thèbes - maudit soit ce jour ! -
Et nous toutes qui sommes dans cet arroi

935 Et qui nous lamentons ainsi,
Nous avons toutes perdu nos époux dans cette ville
Pendant qu'on l'assiégeait.
Et maintenant, hélas ! le vieux Créon,
Qui est devenu seigneur de la cité de Thèbes,

940 Rempli de colère et d'iniquité,
A, par cruauté et par tyrannie,
Pour avilir les cadavres
De tous nos seigneurs qui ont été tués,
Entassé tous les corps en un monceau,

945 Et ne souffre, en aucune façon,
Qu'on les enterre ou qu'on les brûle,
Mais, dans sa cruauté, il laisse les chiens les dévorer."

Et sur ces mots, sans plus attendre,
Elles se prosternèrent et crièrent lamentablement

950 "Aie quelque pitié de nous, pauvres femmes,
Et laisse notre chagrin pénétrer ton coeur".

Ce noble duc sauta de son coursier,
Le coeur rempli de pitié en les entendant parler,
Et il pensa que son coeur allait éclater

955 Quand il les vit si pitoyables et si avilies,
Elles qui, à peine plus tôt, étaient de si haut rang.
Il les releva toutes dans ses bras
Et les réconforta avec de bonnes intentions,
Et leur jura, comme il était un vrai chevalier,

960 Qu'il emploierait tellement bien sa puissance

Pour les venger du tyran Créon,
Que tous les peuples de Grèce raconteraient
Comment Créon avait été traité par Thésée
Comme quelqu'un qui avait bien mérité sa mort.
965 Et tout de suite, sans attendre davantage,
Il déploie sa bannière et chevauche tout droit
Vers Thèbes, avec toute son armée à ses côtés.
Non, il ne voulait plus chevaucher vers Athènes
Ni se reposer pleinement une demi-journée,
970 Mais il coucherait cette nuit sur sa route;
Il envoya alors la reine Hippolyte
Et Émilie, sa jeune et jolie soeur,
Séjourner dans la ville d'Athènes;
Il reprit sa chevauchée; il n'y a rien d'autre à ajouter.

975 La rouge statue de Mars, avec sa lance et son bouclier,
Brille si fort sur sa grande bannière blanche
Que tous les champs en étincellent de partout;
Et, près de sa bannière, se trouvait son pennon,
Richement couvert d'or, sur lequel était brodé
980 Le Minotaure, qu'il avait tué en Crète.
Ainsi donc chevauche ce duc, ainsi donc chevauche ce conquérant,
Avec dans son armée la fleur de la chevalerie,
Jusqu'à son arrivée à Thèbes; là il s'arrêta,
Comme prévu, dans un champ, où il pensait combattre.
985 Mais, pour parler brièvement de cela,
Il se battit avec Créon, qui était alors roi de Thèbes,
Et le tua courageusement comme un chevalier
En bataille ouverte, et il mit le peuple en fuite;
Et ensuite il prit la ville d'assaut,
990 Et renversa ensemble murs, piliers et chevrons;
Aux dames il rendit
Les ossements de leurs maris qui avaient été abattus,
Pour leur faire des obsèques conformes à l'usage.
Mais il serait trop long de raconter
995 Le grand vacarme et les lamentations
Des dames pendant la crémation
Des corps, et le grand honneur
Que Thésée, le noble conquérant,

Rendit aux dames quand elles le quittèrent;
1000   Mais mon intention est d'être bref.

    Quand donc ce noble duc, ce Thésée,
Eut tué Créon, et, de ce fait, gagné Thèbes,
Il prit du repos toute la nuit sur ce champ,
Et disposa du pays comme bon lui semblait.
1005   Pour dévaliser les tas de cadavres,
Pour les dépouiller de leur harnachement et de leurs vêtements,
Les pilleurs firent leur besogne et leur travail
Après la bataille et la déconfiture.
Et il advint que dans le tas ils trouvèrent,
1010   Transpercés de nombreuses et graves blessures sanglantes,
Deux jeunes chevaliers couchés côte à côte,
Avec les mêmes armes, très richement ouvragées;
L'un d'eux s'appelait Arcite,
L'autre chevalier s'appelait Palamon.
1015   Ils n'étaient ni vraiment en vie, ni vraiment morts.
Mais à leurs cottes de mailles et leur habillement
Les hérauts les reconnurent,
Parce qu'ils étaient du sang royal de Thèbes,
Et nés de deux soeurs.
1020   Les pilleurs les retirèrent du tas
Et les portèrent doucement sous la tente
De Thésée; et lui les envoya tout de suite
A Athènes, pour y vivre en prison
A perpétuité, - il n'en voulait aucune rançon.
1025   Et, quand ce noble duc eut ainsi fait,
Il repartit avec son armée et rentra chez lui,
Couronné de lauriers comme un conquérant;
Et là, il vécut dans la joie et l'honneur
La fin de sa vie; que dire davantage ?
1030   Et, dans une tour, [vivent] dans l'angoisse et la peine,
Palamon et son compagnon Arcite
A tout jamais; l'or ne peut les délivrer.

    Ceci dura des années, jour après jour,
Jusqu'à ce que, par un matin de mai,
1035   Émilie, qui était plus belle à voir

Que le lys sur sa tige verte,
Et plus fraîche que le mois de mai avec ses fleurs nouvelles
– Car son teint rivalisait avec celui de la rose,
Je ne sais quel était le plus beau des deux –
1040   Avant qu'il ne fît jour, suivant son habitude,
Se leva et se prépara;
Car mai ne permettait pas de paresse nocturne.
La saison pique chaque noble coeur
Et le fait sortir de son sommeil,
1045   Et dit : "Lève-toi et rends-moi hommage."
Ceci rappela à Émilie
Qu'elle devait honorer mai et se lever.
Elle était vêtue de frais : pour ne rien vous cacher,
Ses cheveux blonds étaient noués dans son dos
1050   En une tresse, qui mesurait un mètre, je crois.
Et dans le jardin, au lever du soleil,
Elle va et vient, à son loisir,
Elle rassemble des fleurs, des blanches et des rouges,
Pour se faire une fine guirlande pour la tête;
1055   Et, comme un ange, elle chantait d'une façon céleste.
La grande tour, si épaisse et massive,
Qui était le principal donjon du château,
(C'était là qu'étaient emprisonnés les chevaliers
Dont je vous ai parlé et dont je vais vous reparler)
1060   Était adjointe au mur du jardin
Où Émilie se distrayait.
Le soleil brillait et le matin était clair,
Et Palamon, ce triste prisonnier,
Suivant son habitude, avec la permission du geôlier,
1065   S'était levé et marchait de long en large dans une chambre haute,
D'où il voyait toute la noble cité,
De même que le jardin, rempli de branches vertes,
Où la fraîche et ravissante Émilie
Se promenait en allant et venant.
1070   Palamon, ce triste prisonnier,
Va et vient dans sa chambre
Et se plaint à lui-même de sa misère.
Il déplorait souvent sa naissance.
Et il advint, par aventure ou par hasard,

1075	Qu´à travers une fenêtre fermée par plus d´un barreau
	De fer, robuste et massif comme tout madrier,
	Il posa son regard sur Émilie;
	Et là-dessus, il blémit et cria "Ah ! "
	Comme s´il avait été piqué au coeur.
1080	A ce cri, Arcite se leva tout de suite
	Et dit : "Mon cousin, que t´arrive-t-il
	Pour que tu sois d´une pâleur aussi mortelle ?
	Pourquoi cries-tu ? Qui t´a offensé ?
	Pour l´amour de Dieu, prends notre emprisonnement
1085	En patience, car il ne saurait en être autrement.
	La Fortune nous a infligé cette adversité.
	Quelque mauvais aspect ou disposition
	De Saturne, à cause de l´une ou l´autre constellation,
	Nous a infligé ceci, bien que nous ayons juré le contraire;
1090	Les cieux étaient ainsi disposés quand nous naquîmes.
	Nous devons l´endurer; c´est court et net."
	Palamon répondit et dit :
	"Cousin, en vérité, cette opinion
	N´est que vaine imagination.
1095	Et ce n´est pas cette prison qui m´a fait crier,
	Mais je viens d´être blessé à l´instant dans mon coeur
	Par le truchement de mon oeil, et ce sera ma mort.
	La beauté de la dame que je vois
	Là-bas se promener dans le jardin
1100	Est la cause de mon cri et de ma douleur.
	Je ne sais si elle est femme ou déesse.
	C´est Vénus, en vérité je le crois."
	Et là-dessus il tomba à genoux
	Et dit : "Vénus, si c´est ton souhait
1105	De te transfiguer ainsi dans ce jardin
	Devant moi, triste, malheureuse créature,
	Aide-nous à nous échapper de cette prison;
	Et si je suis prédestiné,
	Par une parole éternelle, à mourir en prison,
1110	Aie quelque compassion pour notre lignée
	Qui a été tellement amoindrie par la tyrannie."
	Sur ces mots, Arcite alla regarder

Cette dame aller et venir,
Et la vue de sa beauté le frappa tellement
1115   Que, si Palamon avait été amèrement blessé,
Arcite, fut frappé autant que lui, sinon davantage.
Et, en soupirant, il déclara pitoyablement :
"La fraîche beauté de celle qui se promène là-bas
Me frappe soudainement,
1120   Et, si je n´obtiens pas de sa pitié et de sa grâce
D´au moins la voir,
Je suis un homme mort, je n´ai rien à ajouter."

Palamon, lorsqu´il entendit ces mots,
Parut dépité et répondit :
1125   "Parles-tu sérieusement ou plaisantes-tu ? "
"Non, dit Arcite, je parle sérieusement par ma foi !
Dieu me vienne en aide, car je n´ai pas envie de plaisanter."
Alors Palamon fronça les sourcils.
"Ce ne serait pas un grand honneur pour toi, dit-il,
1130   D´être faux ou traître
Envers moi qui suis ton cousin et ton frère
Comme nous nous le sommes juré en nous promettant
Que jamais, dussions-nous en mourir de chagrin,
Jusqu´à ce que la mort nous sépare,
1135   Aucun de nous ne gênerait l´autre en amour
Ni en aucune autre circonstance, mon cher frère;
Mais qu´au contraire tu me soutiendrais fidèlement
En toute occasion, comme moi je te soutiendrais,-
Ce fut ton serment, et le mien, à coup sûr;
1140   Je sais très bien que tu n´oserais pas le contredire.
Te voilà donc mon conseiller, sans aucun doute,
Toi qui voudrais trompeusement
Aimer ma dame, que j´aimerai et servirai
A tout jamais, jusqu´à ce que mon coeur meure.
1145   Non, certes, félon Arcite, tu ne le feras pas.
Je l´ai aimée le premier et t´ai dit ma peine,
Puisque tu étais mon conseiller et mon frère juré
Pour me secourir, comme je viens de le dire.
C´est pourquoi tu es tenu, en tant que chevalier,

1150 De m'aider, si cela est en ton pouvoir,
Sinon tu es félon, j'ose le dire."

Arcite répondit très fièrement :
"C'est plutôt toi que moi qui seras félon;
"Et tu es félon, je te le dis clairement,
1155 Car je l'ai choisie pour maîtresse avant toi.
Que veux-tu dire ? Tu ne sais même pas
Si elle est femme ou déesse !
Ton affection va à la divinité,
Et mon amour s'adresse à la créature.
1160 C'est pourquoi je t'ai conté mon aventure,
A toi mon cousin, mon frère juré.
Supposons que tu l'aies aimée le premier;
Ne connais-tu pas les dires du vieux clerc :
"Qui imposera une loi à un amant ?"
1165 L'amour est la plus grande loi, par ma foi,
Qui puisse être donnée à un mortel;
C'est pourquoi toute loi positive et tout décret de ce genre
Sont brisés chaque jour pour l'amour, à tous les degrés.
Un homme doit nécessairement aimer, malgré sa raison.
1170 Il ne peut y échapper, même si cela signifie sa mort,
Qu'elle soit jeune fille, veuve ou épouse.
De plus, il n'est pas vraisemblable que de toute ta vie
Tu puisses entrer dans ses grâces; pas plus que moi;
Car tu sais très bien, assurément,
1175 Que toi et moi sommes condamnés à la prison
A perpétuité; aucune rançon ne peut nous racheter.
Nous nous querellons comme firent les chiens pour l'os;
Ils se battirent toute la journée, et pourtant ils ne l'eurent pas,
Il vint un oiseau de proie pendant qu'ils étaient en rage,
1180 Et il emporta l'os loin d'eux.
C'est pourquoi, à la cour du roi, mon frère,
Chacun pour soi, il n'y a d'autre solution.
Aime, si tu veux, car j'aime et j'aimerai toujours;
Et en vérité, cher frère, voilà tout.
1185 Nous devons endurer cette prison
Et que chacun de nous coure sa chance."

La discussion entre eux fut acharnée et longue.
J´aimerais avoir le temps de vous la raconter,
Mais venons au fait. Il arriva un jour,
1190   Pour vous le conter aussi brièvement que je le puis,
Qu´un noble duc du nom de Pirithoos,
Compagnon du duc Thésée
Depuis sa plus tendre enfance,
Vint à Athènes rendre visite à son compagnon
1195   Et se récréer suivant son habitude;
Car en ce monde il n´aimait aucun homme aussi profondément,
Et l´autre l´aimait aussi tendrement en retour.
Ils s´aimaient tellement, suivant les vieux livres,
Que, si l´un était mort, assurément,
1200   Son compagnon serait allé le rechercher en enfer,
– Mais je n´ai pas envie de vous écrire cette histoire.
Le duc Pirithoos aimait beaucoup Arcite,
Il l´avait connu à Thèbes pendant des années,
Et, finalement, à la suite des requêtes et prières
1205   De Pirithoos, sans aucune rançon,
Le duc Thésée le laissa sortir de prison
Et aller librement partout où il le désirait,
De la façon que je vais vous décrire.

Le contrat, pour en finir,
1210   Entre Thésée et Arcite
Prévoyait que si Arcite était jamais découvert
Durant sa vie, jour ou nuit, à quelque heure,
Dans un pays régi par Thésée
Et si on l´attrapait, il était décidé
1215   Qu´il perdrait la tête d´un coup d´épée.
Ceci était sans remède ni discussion;
Arcite prit congé et s´empressa de rentrer chez lui.
Qu´il soit prudent ! Son cou est le gage.
Quelle grande peine endure à présent Arcite !
1220   Il sent la mort battre dans son coeur;
Il pleure, se lamente, pousse des cris pitoyables;
Et projette en secret de se suicider.
Il dit : "Maudit soit le jour où je suis né !
Ma prison actuelle est pire que la précédente;

34

1225   Je suis prédestiné à vivre éternellement
         Non plus au purgatoire, mais en enfer.
         Hélas !   Maudit le jour où j´ai connu Pirithoos !
         Sans lui j´aurais vécu auprès de Thésée
         Enchaîné dans sa prison à tout jamais.
1230   J´aurais connu, alors, la joie et non la peine;
         La seule vue de celle que je sers,
         Bien que jamais je n´eusse mérité sa grâce,
         M´aurait amplement suffi.
         "O, cher cousin Palamon", dit-il,
1235   "C´est toi qui sors vainqueur de cette aventure.
         Quel bonheur tu as de pouvoir rester en prison,
         – En prison ? Certes non, au paradis !
         La Fortune t´a bien retourné le dé
         Puisque toi tu as sa vue, et moi son absence.
1240   Car il est possible, puisque tu as sa présence,
         Et que tu es chevalier preux et habile,
         Que, par quelque hasard, puisque la Fortune est versatile,
         Tu puissses un jour atteindre ton désir.
         Mais pour moi, qui suis exilé et privé
1245   De toute grâce, et dans un si grand désespoir,
         Il n´est terre, ni eau, ni feu, ni air,
         Ni créature faite d´eux,
         Qui puisse m´aider et me réconforter dans cette situation,
         Je dois sûrement mourir de désespoir et de détresse.
1250   Adieu ma vie, mon plaisir et ma joie !

         Hélas ! Pourquoi les gens se plaignent-ils si communément
         De la providence de Dieu et de la Fortune
         Qui leur donnent très souvent de diverses manières
         Bien mieux que ce qu´eux-mêmes ne peuvent imaginer ?
1255   Tel homme souhaite la richesse,
         Qui est cause de son meurtre ou d´une grande maladie.
         Tel autre voudrait sortir de sa prison,
         Qui est tué dans sa maison par des gens à lui.
         Les maux sont infinis en ce domaine.
1260   Nous ne connaissons pas les choses pour lesquelles nous prions :
         Nous vivons comme celui qui est soûl comme une grive.
         Un homme ivre sait qu´il a une maison,

Mais il ne connaît pas le bon chemin qui y mène,
Et pour une homme ivre, le chemin est glissant.
1265 Et, assurément, c´est ainsi que nous allons dans ce monde;
Nous cherchons fermement après la félicité
Mais nous nous trompons très souvent, vraiment.
C´est ce que nous pouvons dire tous, et surtout moi,
Qui pensais avec certitude
1270 Que, si je pouvais m´échapper de prison,
J´eusse eu la joie et le bien-être parfait,
Alors que, maintenant, je suis exilé loin de ma Bonne Fortune.
Puisque je ne puis te voir, Émilie,
Je suis un homme mort; il n´y a pas de remède."

1275 Palamon, de son côté
Quand il sut qu´Arcite était parti,
Tomba dans un tel chagrin que la grande tour
Résonna de ses cris et de ses clameurs.
Même les chaînes qui maintenaient ses longues jambes,
1280 Étaient mouillées de ses larmes amères et salées.
"Hélas ! ", disait-il, "Arcite, mon cousin,
Dieu sait que c´est toi qui as le fruit de notre querelle.
Tu te promènes maintenant à Thèbes en liberté,
Et tu fais peu de cas de mes pleurs.
1285 Tu peux, ayant la sagesse et le courage,
Assembler tous les membres de notre famille
Et faire une guerre tellement féroce contre cette cité
Que, par quelque aventure ou par quelque traité,
Tu pourras obtenir comme dame et épouse
1290 Celle pour qui je dois nécessairement perdre la vie.
Dans le domaine des probabilités, en effet,
Puisque tu es en liberté, hors de prison,
Et que tu es seigneur, tes chances
Sont plus grandes que les miennes, moi qui meurs ici en cage.
1295 Pendant que je vis, je ne puis que pleurer et me lamenter
De toute la misère que la prison m´apportera,
Et aussi de la peine que l´amour me donne,
Doublant mon tourment et ma misère."
A ce moment, le feu de la jalousie s´éveilla
1300 Dans sa poitrine et envahit son coeur

Si sauvagement qu'il ressemblait
Au buis ou à des cendres éteintes et froides.

Alors il dit, "O, dieux cruels, qui gouvernez
Ce monde du sceau de votre parole éternelle,
1305 Et qui écrivez sur la table de diamant
Vos décrets et vos décisions éternelles,
L'humanité est-elle plus pour vous
Que le mouton tapi dans la bergerie ?
Car l'homme est tué comme un autre animal;
1310 Il vit lui aussi en prison et aux arrêts,
Il connaît la maladie et une grande adversité;
Et pourtant il est souvent innocent, pardi.

Quelle est la raison de cette prédestination
Qui tourmente sans cause l'innocence ?
1315 Et pourtant ma peine s'augmente
Du fait que l'homme est obligé,
Pour l'amour de Dieu, de limiter ses aspirations,
Tandis qu'un animal peut satisfaire tous ses désirs.
Quand un animal meurt, il n'a pas de peine;
1320 Mais l'homme, après sa mort, doit pleurer et se lamenter
Même si dans ce monde il n'a connu que soucis et misère.
Sans aucun doute il doit en être ainsi.
Je laisse aux devins la réponse à ces questions,
Mais je sais qu'il y a beaucoup de misère en ce monde.
1325 Je vois, hélas ! un serpent ou un voleur,
Qui a fait du mal à plus d'un honnête homme
Aller en liberté, et où il lui plaît de se rendre.
Mais moi je dois rester en prison, par Saturne,
Et aussi par Junon, jalouse, méchante aussi
1330 Qui a détruit presque tout le sang
De Thèbes aux grands murs écroulés;
Et Vénus me tue de l'autre côté
Par jalousie et peur d'Arcite."

Je vais maintenant un peu quitter Palamon
1335 Et le laisser tranquille dans sa prison;
Et je vais vous en conter davantage sur Arcite.

L´été passe et les longues nuits
Accroissent doublement les fortes peines
A la fois de l´amant et du prisonnier.
1340 J´ignore lequel a le sort le plus lamentable.
Car, pour être bref, Palamon
Est condamné à la prison à perpétuité
Et à mourir dans des chaînes et des liens;
Arcite, lui, est exilé, au prix de sa tête,
1345 A tout jamais, loin de son pays;
Et jamais plus il ne verra sa dame.

Amants, je vous pose cette question :
Qui a le pire sort ? Arcite ou Palamon ?
L´un peut voir sa dame jour après jour
1350 Mais toujours doit vivre en prison;
L´autre peut chevaucher ou aller où il lui plaît
Mais ne verra jamais plus sa dame.
Jugez comme il vous plaira, vous qui le pouvez,
1354 Car je vais continuer comme j´ai commencé

Explicit prima pars

Sequitur pars secunda

Quand Arcite fut arrivé à Thèbes,
Plusieurs fois par jour il se sentait mal et disait : "Hélas ! "
Car il ne verrait jamais plus sa dame.
Et, pour en conclure brièvement sur sa misère,
Aucune créature n´eut jamais un tel chagrin;
1360 Il n´en existe pas et n´en existera pas tant que le monde durera.
Il se priva de sommeil, de nourriture et de boisson,
Si bien qu´il devint maigre et sec comme un bâton;
Ses yeux se creusèrent et devinrent horribles à regarder,
Son teint devint jaunâtre et pâle comme des cendres froides;
1365 Il était solitaire et toujours seul
Se lamentant toute la nuit et gémissant;
Et s´il entendait une chanson ou un instrument,
Alors il pleurait et on ne pouvait l´arrêter;
Son esprit était si faible et si bas

1370	Et changeait tellement que l´on ne pouvait reconnaître
	Ses paroles ni sa voix, l´eût-on entendu.
	Dans son comportement, il agissait devant tout le monde
	Non seulement comme s´il avait eu la maladie d´amour
	D´Éros, mais aussi la manie
1375	Engendrée par l´humeur mélancolique,
	Dans la cellule de devant, celle de la fantaisie.
	En bref, tout était sens dessus dessous :
	Les habitudes, les dispositions,
	De ce pauvre amant, sire Arcite.

1380	Pourquoi parlerais-je toute la journée de sa misère ?
	Quand il eut enduré pendant un an ou deux
	Ce cruel tourment, cette peine, et cette misère,
	A Thèbes, en son pays, comme je l´ai dit,
	Une nuit, alors qu´il dormait,
1385	Il lui sembla que Mercure, le dieu ailé,
	Se tenait devant lui et lui demandait de se réjouir.
	Il tenait son bâton de sommeil droit en main;
	Il portait un chapeau sur ses cheveux brillants.
	Il remarqua que ce dieu était équipé
1390	Comme quand Argus s´endormit;
	[Mercure] lui dit : "Tu vas aller à Athènes
	C´est là qu´il est prédit une fin à ta misère."
	A ces mots, Arcite s´éveilla et se leva.
	"En vérité", dit-il, "malgré la peine que je puis en avoir
1395	Je pars tout droit pour Athènes
	Et la crainte de la mort ne m´empêchera pas
	De voir ma dame, que j´aime et que je sers;
	Peu m´importe de mourir si c´est en sa présence."

	En disant ces mots, il prit un grand miroir
1400	Et vit que son teint avait changé
	Et que son visage était autre.
	Tout de suite il lui vint à l´esprit
	Que, puisque son visage était tellement défiguré
	Par la maladie qu´il avait endurée,
1405	Il pourrait bien, à condition de vivre effacé,
	Séjourner à Athènes, inconnu à tout jamais,

Et voir sa dame presque chaque jour.
Tout de suite il changea son arroi
Et s'habilla comme un pauvre travailleur
1410 Et, accompagné seulement d'un écuyer
Qui connaissait son secret et son aventure
Et qui était déguisé aussi pauvrement que lui,
Il se rendit à Athènes par le plus court chemin.
Un jour il arriva à la cour;
1415 A la porte il proposa ses services
Pour aller chercher et porter tout ce que l'on voudrait.
Pour écourter l'histoire,
Il se trouva un emploi chez un chambellan
Qui vivait au même endroit qu'Émilie.
1420 Car [Arcite] était sage et il avait rapidement découvert
Qui, parmi les serviteurs, la servait.
Il savait bien hacher le bois et porter l'eau,
Car il était jeune et particulièrement fort,
De plus il était grand et de forte ossature
1425 Si bien qu'il pouvait faire ce que quiconque lui demandait.
Durant un an ou deux il occupa l'emploi
De page de la chambre de la belle Émilie;
Il disait qu'il s'appelait Philostrate.
Jamais il n'y eut à la cour homme de son rang
1430 Qui fût aimé à moitié autant que lui;
Il était de condition si noble
Qu'il était renommé dans toute la cour.
On disait que ce serait un beau geste
Si Thésée élevait son rang
1435 Et le plaçait dans un emploi respectable
Où il pourrait exercer ses dons.
Et ainsi, en peu de temps, son nom perça,
A la fois à cause de ses actes et de sa bonne langue,
Si bien que Thésée le prit si près de lui
1440 Qu'il le fit écuyer de sa chambre,
Et lui donna aussi de l'or pour tenir son rang.
De plus, on lui apportait de son pays
D'année en année sa rente en secret.
Mais il la dépensait honnêtement et prudemment

1445	Si bien que personne ne se demandait d'où elle venait.
	Durant trois ans il vécut ainsi
	Et se comporta de telle manière, en paix ou en guerre,
	Que nul homme n'était plus cher à Thésée.
	Je vais laisser Arcite à son bonheur
1450	Et vous parler un peu de Palamon.

C'est dans l'obscurité de cette horrible prison fortifiée
Que Palamon a vécu ces sept années,
Torturé par la misère et par la détresse.
Qui d'autre peut ressentir une peine et un chagrin doubles

1455 Sinon Palamon, que l'amour afflige tellement
Que, de chagrin, il perd l'esprit ?
De plus il est prisonnier
A perpétuité, pas seulement pour un an.

Qui pourrait versifier correctement en anglais

1460 Son martyr ? Sûrement pas moi;
C'est pourquoi je passe aussi légèrement que je le puis.

Il arriva, dans la septième année,
La troisième nuit de mai (comme le disent les vieux livres
Qui content cette histoire plus simplement),

1465 Que ce soit par aventure ou par destin
– Car quand une chose est prévue elle sera –
Que, peu après minuit, Palamon
Avec l'aide d'un ami, s'échappa de prison
Et quitta la ville aussi vite qu'il put.

1470 Il avait donné à son geôlier un breuvage
De clairet fait d'un certain vin,
Avec des narcotiques et du fin opiat de Thèbes,
Si bien que, de toute la nuit, même si on voulait le secouer,
Le geôlier dormait et ne pouvait s'éveiller.

1475 Et ainsi il s'échappa aussi vite qu'il le pouvait.
La nuit était courte, et le jour vite levé;
Si bien qu'il dut absolument se cacher;
Vers un bosquet, là sur le côté,
D'un pied craintif Palamon se dirige.

1480 Son plan était, en bref,

De se cacher toute la journée dans ce bosquet,
Et, à la nuit, de se rendre
A Thèbes pour prier ses amis
De l'aider à faire la guerre à Thésée.
1485 Et, en bref, ou bien il perdrait la vie,
Ou il gagnerait Emilie comme épouse.
Voici simplement quelles étaient ses conclusions et intentions.

Je reviendrai maintenant à Arcite
Qui se doutait peu de la proximité de ses soucis
1490 Jusqu'à ce que la Fortune l'ait pris au piège.

L'alouette rapide, messagère du jour,
Salue de son chant le matin gris
Et Phoebus le flamboyant se lève si brillant
Que l'Orient entier rit de sa lumière,
1495 Et que, de ses rayons, il assèche sur les branches
Les gouttes d'argent pendues aux feuilles.
Et Arcite qui, à la cour royale,
De Thésée est le principal écuyer,
Est levé et contemple le matin radieux.
1500 Et, pour rendre hommage à Mai,
Se souvenant de l'objet de son désir,
Sur un coursier rapide comme le feu,
Il a chevauché parmi les champs pour se distraire,
Loin de la cour, durant un mille ou deux.
1505 Et, vers le bosquet dont je vous ai parlé,
Par hasard il dirigea sa route
Pour se faire une guirlande de branches,
Avec des feuilles de chèvrefeuille ou d'aubépine;
Et il chantait bien haut à l'adresse du soleil brillant :
1510 "Mai, avec toutes tes fleurs et toutes tes feuilles,
Sois le bienvenu, o Mai beau et frais,
Car j'espère pouvoir trouver quelques feuilles."
De son coursier, le coeur léger,
Il descendit rapidement dans le bosquet;
1515 Il arpenta un sentier
Où, par hasard, Palamon
Était dans un buisson, dans lequel personne ne pouvait le voir

Car il avait terriblement peur de la mort.
Il ne savait nullement que c'était Arcite.
1520 Dieu sait qu'il l'aurait fort peu cru.
Il est une vérité qui a été exprimée depuis de nombreuses
années :
"Les champs ont des yeux et les bois des oreilles".
Il est bon qu'un homme se comporte de manière équilibrée
Car il peut en rencontrer d'autres à tout moment.
1525 Arcite se doutait bien peu de ce que son compagnon
Était là tout près et qu'il pouvait l'entendre,
Car il s'était assis bien paisiblement dans un buisson.

Quand Arcite se fut promené tout son soûl
Et eut gaiement chanté tout le rondeau,
1530 Il tomba soudain dans une méditation
Comme le font ces amants avec leurs drôles de manières,
Tantôt au faîte de l'arbre, tantôt en dessous, dans les bruyères,
Tantôt haut, tantôt bas, comme un seau dans un puits.
Pour vous dire la vérité, ils sont comme le Vendredi :
1535 Tantôt le soleil brille, tantôt il pleut ferme.
De la même manière, Vénus la versatile peut retourner
Les cœurs de ses gens; tout comme son jour
Est versatile, de même elle change son arroi.
Il est bien rare que le Vendredi ressemble au reste de la semaine.

1540 Quand Arcite eut fini de chanter, il se sentit mal
Et s'assit sans plus bouger.
"Hélas ! ", dit-il, "Maudit le jour où je suis né !
Combien de temps encore, Junon, avec ta cruauté,
Vas-tu guerroyer contre la cité de Thèbes ?
1545 Hélas ! réduit à rien est
Le sang royal de Cadmos et d'Amphion
- Cadmos qui fut le premier homme
A construire Thèbes, ou qui fonda la ville le premier,
Et fut le premier à être couronné roi de la cité.
1550 Je suis issu de sa lignée et de sa descendance;
En ligne directe, de sang royal;
Et maintenant me voici si chétif et si asservi
Que celui qui est mon mortel ennemi

Je le sers comme un pauvre écuyer.
1555 Et pourtant Junon me donne encore plus de honte
Car je n´ose faire connaître mon propre nom;
Alors que j´avais l´habitude d´être appelé Arcite,
Je m´appelle aujourd´hui Philostrate, ce qui ne vaut pas une mite.
Hélas ! Toi, cruel Mars ! Hélas ! Junon !
1560 Votre colère a tué toute notre lignée
Sauf moi et ce malheureux Palamon,
Que Thésée martyrise en prison.
Et, par-dessus tout, pour m´achever,
L´amour a percé mon coeur fidèle et troublé
1565 D´une flèche de feu si brûlante
Que ma mort était prévue avant ma première chemise.
Tes yeux me tuent, Émilie !
Tu es la cause pour laquelle je meurs.
Tout le reste de mes soucis
1570 Ne vaudrait pas un brin d´ivraie
Si je pouvais te faire plaisir.''
Là-dessus il tomba en transes
Pour un long moment, et ensuite il se releva.

    Palamon pensait sentir
1575 Une épée froide qui aurait soudain traversé son coeur.
Il trembla de colère et ne voulut pas attendre davantage.
Quand il eut entendu l´histoire d´Arcite,
Comme s´il était devenu fou, le visage éteint et pâle,
Il se leva et sortit des buissons épais
1580 En disant : "Arcite, traître félon et pervers,
Je t´ai attrapé, toi qui aimes tellement ma dame,
Pour laquelle j´ai toute cette peine et cette misère;
Tu es mon sang, mon conseiller juré,
Comme je te l´ai déjà souvent dit auparavant.
1585 Tu as trompé le duc Thésée
Et faussement changé ton nom !
Je veux mourir si tu ne meurs pas.
Tu n´aimeras pas ma dame Émilie
Car je veux être le seul à l´aimer.
1590 Car je suis Palamon, ton mortel ennemi.
Et, bien que je n´aie pas d´armes en cet endroit,

44

Puisque je me suis échappé de prison par miracle,
Je ne doute pas que, ou bien tu mourras,
Ou tu n´aimeras pas Émilie.

1595   Choisis ce que tu veux, car tu ne t´échapperas pas ! ˮ

    Arcite, le coeur plein de colère,
Quand il l´eut reconnu et qu´il eut entendu son histoire,
Fier comme un lion, tira son épée,
En disant : ˮPar Dieu, qui est là-haut,

1600   N´était que tu es dérangé et fou d´amour,
Et aussi que tu n´as pas d´arme en cet endroit,
Tu ne sortirais jamais de ce bosquet
Que tu ne meures de ma main.
Je dénonce en effet le serment et le lien

1605   Que tu dis que je t´ai faits.
Pense, espèce de fou, que l´amour est libre
Et que je l´aimerai malgré tout ton vouloir !
Mais, comme tu es un preux chevalier
Et que tu ne prétends pas la gagner par bataille,

1610   Reçois ici ma foi, demain je ne manquerai pas,
A l´insu de tout le monde,
De venir ici en chevalier
Et de t´apporter assez de harnois;
Tu pourras choisir le meilleur et me laisser le pire.

1615   Cette nuit je t´apporterai à boire et à manger
De manière à ce que tu en aies assez, et de quoi faire ton lit.
Et s´il se fait que tu gagnes ma dame
Et me tues dans ce bois où je me trouve
Tu pourras très bien avoir ma dame, pour ce qui me concerne.ˮ

1620   Palamon répondit : ˮJe te l´accorde.ˮ
Et ils se quittèrent alors jusqu´au lendemain,
Chacun d´eux ayant déposé sa foi en gage.

    O Cupidon, comme tu manques de charité !
O loi qui ne supporte aucun compagnon !

1625   On a bien raison de dire que ni l´amour ni l´autorité
N´acceptent volontiers la compagnie.
Arcite et Palamon trouvent cela bien vrai.
Arcite a immédiatement chevauché vers la ville,

Et, le matin, avant le lever du jour,
1630 Il prépare secrètement deux harnois,
A la fois suffisants et appropriés pour régler
La bataille sur le pré entre eux deux.
Et, sur son cheval, seul comme il était né,
Il porte les deux harnois devant lui.

1635 Arcite et Palamon se rencontrèrent
Dans le bosquet à l´heure et à l´endroit convenus.
Alors, leur visage changea de couleur,
Tout comme celui des chasseurs du royaume de Thrace
Qui se tiennent à l´orée de la forêt avec une épée,
1640 Quand ils chassent le lion ou l´ours,
Et qu´ils l´entendent venir en courant à travers les buissons,
Cassant les branches et les feuilles.
Ils pensent : "Voici mon mortel ennemi !
Sans aucun doute il doit mourir, ou bien ce sera moi;
1645 Car je dois le tuer à l´orée
Ou c´est lui qui me tuera si je suis infortuné,"
– C´est pourquoi leur visage changea de couleur
Du plus loin qu´ils se reconnurent.

Il n´y eut pas de bonjour ni d´autre salut,
1650 Mais tout de suite, sans mot ni préámbule,
Chacun aida l´autre à s´armer
Aussi amicalement que s´il avait été son propre frère;
Ensuite, de leurs fortes épées tranchantes
Ils se lancèrent l´un contre l´autre durant un temps
étonnamment long.
1655 On aurait pu croire que Palamon
Dans ce combat était un lion enragé
Et qu´Arcite était un tigre cruel;
Ils commencèrent à frapper comme des ours sauvages
Qui écument une bave blanche sous l´effet d´une colère folle.
1660 Ils se battirent à en avoir du sang jusqu´aux chevilles.
Je les laisse continuer à se battre,
Je vais vous en conter davantage sur Thésée.

La destinée, ce ministre général,
Qui exécute partout dans le monde

1665	La providence que Dieu a prévue,
	Est si forte que, même lorsque le monde a juré
	Le contraire d'une chose, par oui ou par non,
	Celle-ci pourra cependant se produire un jour,
	Qui ne se reproduira pas avant un millier d'années.
1670	Car il est bien certain que nos aspirations sur terre,
	Que ce soit à la guerre, à la paix, à la haine ou à l'amour
	Sont toutes régies par la providence d'en-haut.

Je dis ceci à propos du puissant Thésée
Qui est si avide de chasser
1675   Surtout le grand cerf en Mai,
Que le jour ne se lève jamais sur son lit
Sans qu'il ne soit déjà vêtu et prêt à chevaucher
Avec chasseurs, cors, et chiens à ses côtés.
Il a un tel plaisir au cours de sa chasse
1680   Que c'est toute sa joie et son aspiration
D'être celui qui tuera le grand cerf;
Car, après Mars, il sert maintenant Diane.

Comme je l'ai dit plus tôt, le jour était clair,
Et Thésée, tout à la joie et au bonheur,
1685   Et Hippolyte, la belle reine,
Et Émilie, toute vêtue de vert,
Sont partis pour la chasse, sur des montures royales.
Et, vers le bosquet qui était à proximité,
Dans lequel il y avait un cerf, lui avait-on dit,
1690   Le duc Thésée prit le chemin le plus court.
Il conduisait son cheval vers la clairière
Car c'était d'habitude vers là que le cerf s'échappait,
Avant de traverser un ruisseau et de continuer sa fuite.
Ce duc voulait le faire courser une fois ou deux
1695   Par des chiens tels qu'il aime les commander.

Quand ce duc fut arrivé à la clairière
Il protégea ses yeux du soleil, et aussitôt
Il aperçut Arcite et Palamon,
Qui se battaient aussi furieusement que deux ours;
1700   Les épées brillantes allaient et venaient

Si affreusement que le moindre coup
Semblait capable de faire tomber un chêne.
Mais Thésée ne savait pas qui ils étaient.
Le duc donna un coup d´éperons à son coursier
1705 Et, d´un bond, il fut entre eux;
Il tira une épée et cria : "Halte !
Finissez sous peine de perdre votre tête !
Par le puissant Mars, il mourra tout de suite
Celui que je verrai encore frapper un coup.
1710 Mais, dites-moi, quels hommes êtes-vous donc
Pour avoir la hardiesse de vous battre ici
Sans juge ni autre officier,
[Mais] comme dans une lice royale ? "

Palamon répondit hâtivement
1715 Et dit : "Sire, pourquoi en dire plus ?
Tous deux nous avons mérité la mort.
Nous sommes deux misérables infortunés, deux captifs
Qui ne peuvent plus supporter leur propre vie;
Comme tu es un seigneur et un juge équitables
1720 Ne nous accorde ni grâce ni refuge,
Mais tue-moi le premier, par sainte charité !
Mais tue aussi mon compagnon, tout comme moi;
Ou tue-le d´abord, car, bien que tu ne le saches pas,
C´est Arcite, ton ennemi mortel,
1725 Qui est banni de ton pays au prix de sa tête,
C´est pourquoi il a mérité d´être mis à mort.
C´est celui qui est venu à ta porte
En disant qu´il s´appelait Philostrate.
Il t´a trompé pendant plusieurs années,
1730 Et tu en as fait ton principal écuyer;
Et c´est lui qui aime Émilie.
Puisque voici venu le jour où je vais mourir,
Je ferai ma confession sans détour :
[A savoir] que je suis ce misérable Palamon
1735 Qui s´est perversement échappé de ta prison.
Je suis ton ennemi mortel, et je suis celui
Qui aime si ardemment la brillante Émilie
Qu´il veut mourir sans plus attendre sous ses yeux.

48

C'est pourquoi je réclame ma mort et ma sentence;
1740 Mais, tue mon compagnon de la même manière,
Car tous les deux nous avons mérité d'être tués."

Le preux duc répondit immédiatement
Et dit : "Cette conclusion est brève.
Votre propre bouche, par votre confession,
1745 Vous a condamnés, et je m'en souviendrai;
Il n'est pas nécessaire de vous torturer avec la corde.
Vous mourrez, par le puissant Mars rouge ! "

Alors, la reine, en vraie femme,
Se mit à pleurer, de même qu'Émilie
1750 Et toutes les dames de la compagnie.
C'était grande pitié, leur semblait-il à toutes,
Qu'une telle aventure se produisît;
C'étaient, en effet, de nobles hommes de haut rang,
Et leur différend ne portait que sur l'amour;
1755 Elles voyaient leurs profondes blessures, sanglantes et
                                              douloureuses
Et elles criaient, de la moindre à la plus importante,
"Aie pitié, Seigneur, au nom des femmes que nous sommes."
Elles tombèrent sur leurs genoux nus,
Et voulaient lui baiser les pieds, là où il était;
1760 Jusqu'à ce que son humeur s'attendrît,
Car la pitié regagne vite un noble coeur.
Et, bien qu'il eût d'abord tremblé et frémi de colère,
Il considéra brièvement, en un instant,
Leur faute à tous deux, et aussi sa cause.
1765 Car, bien que sa colère condamnât leur faute,
Sa raison les excusait tous deux,
De cette façon il pensait que chaque homme
Doit, s'il le peut, se tirer d'affaire en amour
Et même se délivrer de prison.
1770 De plus, son coeur avait pitié
Des femmes, qui continuaient à pleurer;
Et dans son noble coeur, il pensa tout de suite
Et il se dit doucement à lui-même : "Vergogne soit
Au seigneur qui ne veut pas avoir pitié,

1775 Mais être un lion, en paroles et en actions,
Pour ceux qui sont repentants et apeurés
Comme il le serait envers un homme orgueilleux et méprisant
Qui veut poursuivre ce qu´il a commencé;
Ce seigneur manque de discernement
1780 S´il ne fait pas de différence entre de tels cas
Mais juge de la même façon l´orgueil et l´humilité."
Pour être bref, quand sa colère fut ainsi tombée,
Il leva la tête, le regard lumineux,
Et prononça bien haut les mots suivants :
1785 "Le dieu d´amour, – qu´il soit bénit ! –,
Est un seigneur bien grand et bien puissant !
Aucun obstacle ne peut résister à sa puissance.
Ses miracles lui valent bien le nom de dieu;
Car il peut faire, selon son gré,
1790 Ce qu´il veut de chaque coeur.
Voyez ici Arcite et Palamon,
Qui étaient complètement libérés de ma prison
Et auraient pu vivre royalement à Thèbes,
Et qui savent que je suis leur ennemi mortel,
1795 Et que leur mort est en mon pouvoir;
Et pourtant l´amour, les ayant aveuglés,
Les a conduits ici pour mourir.
Dites-moi, n´est-ce pas une grand folie ?
Qui d´autre qu´un amant peut être un fou ?
1800 Par Dieu qui siège là-haut, regardez,
Voyez comme ils saignent ! Ne sont-ils pas bien arrangés ?
C´est ainsi que leur seigneur, le dieu de l´amour, leur a payé
Leurs gages et le salaire de leur service !
Et pourtant, ils se figurent être très sages,
1805 Ceux qui servent l´amour, quoi qu´il puisse arriver.
Mais le meilleur de cette histoire,
Est que celle à qui s´adresse cette passion
Leur en a autant d´obligation que moi.
Elle n´en savait pas plus de cette brûlante affaire,
1810 Par Dieu, qu´un coucou ou un lièvre !
Mais on doit tout expérimenter, le chaud comme le froid;
L´homme doit être fou, qu´il soit jeune ou vieux.

Je l'ai appris, il y a des années,
Car j'ai été le serviteur de l'amour en mon temps.
1815 C'est pourquoi, puisque je connais les peines d'amour,
Et que je sais combien cela peut perturber un homme,
Pour avoir été moi-même souvent pris dans son piège,
Je vous pardonne entièrement votre délit,
A la demande de la reine, qui est agenouillée ici,
1820 Et aussi de ma chère soeur Émilie.
Vous allez me jurer tous deux immédiatement
De ne jamais plus troubler mon pays
Et de ne plus me faire la guerre, ni nuit ni jour,
Mais d'être mes amis en tout ce que vous pourrez.
1825 Je vous pardonne entièrement ce délit."
Ils lui jurèrent bel et bien ce qu'il leur avait demandé
Et le requirent de suzeraineté et de merci,
Et lui leur fit grâce et leur dit :

"Pour parler de lignée royale et de richesse,
1830 Même si elle était reine ou princesse,
Chacun de vous mérite, à coup sûr,
De l'épouser le moment venu, mais néanmoins,
Je parlerai au nom de ma soeur Émilie,
Pour qui vous avez cette querelle et cette jalousie.
1835 Vous savez vous-mêmes qu'elle ne peut en épouser deux
A la fois, même si vous combattiez à tout jamais,
Que l'un de vous, par belle ou par laide,
Peut bien aller siffler sur une feuille de lierre :
C'est-à-dire qu'elle ne peut vous avoir tous les deux
1840 Quelles que soient votre jalousie et votre colère.
C'est pourquoi je vais vous mettre dans cette situation :
Chacun de vous deux suivra sa destinée
Comme elle est prévue, écoutez comment :
Voici le résultat de ce que je pense pour vous.
1845 Pour conclure simplement, mon intention est la suivante
– Sans aucune réplique –
Si cela vous agrée, tirez-en le meilleur parti :
Chacun de vous ira où il lui plaira,
Librement, sans rançon ni danger;
1850 Et, dans cinquante semaines, ni plus ni moins

Chacun de vous amènera cent chevaliers
Armés en tout point pour la lice,
Et prêts à se défier en combat pour Émilie.
Je vous promets sans aucun doute,
1855 Sur mon honneur, aussi vrai que je suis chevalier,
Qu´à celui de vous deux qui aura la victoire
 – C´est-à-dire que ce soit lui ou toi
Qui réussira avec ses cent chevaliers, comme je viens de le dire,
A tuer son adversaire ou à le faire sortir de la lice-
1860 Je donnerai Émilie pour épouse :
A celui à qui la Fortune fera une si belle grâce.
Je vais faire dresser les lices ici-même;
Et que Dieu, dans sa sagesse, prenne pitié de mon âme
Pour que je sois juge impartial et équitable.
1865 Vous n´aurez pas d´autre issue avec moi
Que l´un de vous ne soit mort ou capturé.
Si vous pensez que c´est bien,
Dites votre avis, considérez-vous comme satisfaits.
Voici l´issue et la conclusion [de votre affaire]."

1870 Qui a l´air plus léger que Palamon ?
Qui saute de joie sinon Arcite ?
Qui pourrait dire, ou qui pourrait écrire
La joie que l´on mena en cet endroit,
Quand Thésée eut fait une telle grâce ?
1875 Tout le monde tomba à genoux
Et le remercia de tout son coeur et de toutes ses forces,
Et surtout les Thébains, à plusieurs reprises.
C´est ainsi que, remplis d´espoir, le coeur heureux,
Ils prirent congé et rentrèrent chez eux,
1880 A Thèbes, la ville aux anciens murs épais.

Explicit secunda pars

Sequitur pars tercia

Je crois que l´on trouverait que c´est de la négligence
Si je ne contais la dépense
De Thésée, qui s´affaire tellement,

Pour faire dresser les lices royalement.
1885 C'était un théâtre tellement noble
Que j'ose dire qu'il n'avait pas son pareil en ce monde.
Il avait environ un mille de circonférence,
Était entouré d'un mur de pierres et d'un fossé.
Sa forme était ronde avec des degrés
1890 Comme ceux d'un compas, hauts de soixante pas
Si bien que lorsque quelqu'un était assis sur un degré
Il n'empêchait pas son compagnon de voir.

A l'est il y avait une porte de marbre blanc
Et en face, à l'ouest, il y avait la même.
1895 Pour conclure brièvement, il n'y avait sur terre
D'autre théâtre comparable sur un espace aussi réduit.
Car dans le pays il n'y avait aucun artisan
Qui ne connût la géométrie ou l'arithmétique,
L'art du portrait ou la sculpture,
1900 Auquel Thésée n'eût donné nourriture et gages
Pour qu'il élevât et conçût le théâtre.
Et, pour accomplir rites et sacrifice,
A l'est, au-dessus de la porte,
En hommage à Vénus, déesse de l'amour,
1905 Il fit construire un autel et un oratoire;
Sur la porte ouest, en souvenir
De Mars il en fit faire une toute semblable
Qui coûta largement une charretée d'or.
Au nord, dans une petite tour du mur
1910 Thésée fit construire un oratoire riche à voir,
Tout d'albâtre blanc et de corail rouge,
En l'honneur de la chaste Diane,
[Et cela] bien noblement.

Mais j'ai oublié de vous décrire
1915 Les nobles sculptures et les portraits,
 - Leur forme, leur allure et leur stature -
Qui étaient dans ces trois oratoires.

D'abord, dans le temple de Vénus on peut voir,
Travaillés dans le mur et bien pitoyables à regarder,

1920	Les sommeils interrompus, les froids soupirs,
	Les larmes sacrées, les lamentations,
	Les coups brûlants du désir,
	Que les serviteurs de l'amour endurent en cette vie.
	Les serments qui soutiennent leurs promesses,
1925	Le Plaisir et l'Espoir, le Désir, la Folie,
	La Beauté et la Jeunesse, la Gaieté, la Richesse,
	Les Charmes et la Force, les Mensonges, la Flatterie,
	La Générosité, l'Anxiété et la Jalousie,
	Qui portait une guirlande d'or jaune
1930	Et un coucou dans la main.
	Les fêtes, les instruments, les chants, les danses,
	Le plaisir et l'arroi, et toutes les circonstances
	De l'amour dont je vous ai parlé et vais vous parler
	Furent peints sur commande sur les murs,
1935	Et plus que je ne puis en mentionner.
	Je crois vraiment que tout le mont de Cithère,
	Là où Vénus a son habitation principale,
	Était représenté en portrait sur le mur,
	Avec tout son jardin et ses plaisirs.
1940	On n'avait pas oublié Oisiveté, le Portier,
	Ni Narcisse, le joli garçon d'autrefois,
	Ni la folie du roi Salomon,
	Ni la grande force d'Hercule,
	Les enchantements de Médée et de Circé,
1945	Ni Turnus et son fier et téméraire courage,
	Ni le riche Crésus, prisonnier asservi.
	Vous pouvez donc voir que ni la sagesse ni la richesse,
	Ni la beauté, ni la ruse, ni la force, ni le courage
	Ne peuvent rivaliser avec Vénus
1950	Car elle sait gouverner le monde à sa guise.
	Tous ces pauvres gens étaient si bien pris dans ses pièges
	Que très souvent ils disaient "hélas ! ".
	Que l'un ou deux exemples suffisent ici,
	Bien que je puisse en ajouter un millier.
1955	La statue de Vénus, glorieuse à voir,
	Était nue, flottant en pleine mer;

Et, à partir du nombril, elle était toute couverte
De vagues vertes et brillantes comme du verre.
A la main droite elle portait une citole,
1960   Et, sur la tête, très belle à voir,
Une guirlande de roses fraîches et bien parfumées.
Des colombes volaient au-dessus de sa tête.
Devant elle se tenait son fils Cupidon;
Aux épaules il avait deux ailes,
1965   Et il était aveugle, comme on le représente souvent;
Il portait un arc et des flèches brillantes et aiguës.

    Pourquoi ne vous parlerais-je pas aussi
Des portraits représentés sur le mur
Du temple du puissant Mars le rouge ?
1970   Le mur était peint de long en large,
Tout comme les pièces intérieures de ce terrifiant endroit
Qu'est le grand temple de Mars en Thrace,
Dans cette région froide et glacée
Où Mars tient sa maison souveraine.

1975   D'abord, sur le mur était peinte une forêt,
Dans laquelle ne vivait ni homme ni bête,
Avec de vieux arbres noueux, tordus et stériles,
Aux souches raides et hideuses à regarder,
Et dans lesquels couraient un grondement et un grognement,
1980   Comme si une tempête allait en casser toutes les branches.
Et, au pied de la colline, sous une pente,
Se dressait le temple de Mars aux armes puissantes,
Entièrement forgé en acier poli, dont l'entrée
Était longue et étroite et effrayante à regarder.
1985   Il en sortait une telle rage et une telle rafale
Que cela faisait trembler la porte.
La lumière du nord passait par les portes
Car il n'y avait pas de fenêtre dans le mur,
Par lesquelles on aurait pu percevoir quelque lumière.
1990   La porte était faite en diamants éternels;
Elle était fixée verticalement et horizontalement
Par des barres de fer; et, pour fortifier le temple,
Chaque pilier qui devait le soutenir

Avait la largeur d'une barrique et était de fer brillant et
étincelant.

1995   C'est là que je vis pour la première fois l'image noire
De la Félonie et de ses disciples;
La Colère cruelle, rouge comme des braises;
Le voleur, et aussi la pâle Frayeur;
Ce souriant bandit avec un couteau sous sa robe;
2000   L'étable brûlant d'une fumée noire;
La trahison du meurtre dans le lit;
La guerre ouverte, avec des blessures sanglantes;
La lutte avec le couteau sanglant et la menace aiguë.
Ce triste endroit était plein de lamentations.
2005   J'y ai aussi vu un suicidé;
Le sang de son coeur avait baigné ses cheveux;
Il s'était enfoncé un clou dans la tempe durant la nuit;
[Il avait] la froideur de la mort et la bouche ouverte.
Au milieu du temple était la mauvaise Fortune,
2010   Accompagnée du Déplaisir et de la triste Posture.
Mais je vis aussi la Folie, qui riait dans sa rage,
La Complainte armée, le Tollé et le féroce Outrage;
Il y avait aussi la charogne dans les bois, la gorge coupée;
Un millier de morts, mais pas par maladie;
2015   Le tyran, avec sa proie prise de force;
La ville détruite, où il ne restait rien.
Je vis aussi, brûlés les bateaux dansants;
Un chasseur étranglé par les ours sauvages;
La truie manger l'enfant dans le berceau;
2020   Le cuisinier échaudé malgré sa longue cuiller.
On n'avait oublié aucun des malheurs de Mars :
Le charretier écrasé par sa charrette :
Il gisait tout en dessous de la roue.
Il y avait aussi parmi les disciples de Mars,
2025   Le barbier et le boucher, et le forgeron
Qui forge des épées tranchantes sur son enclume.
Tout au-dessus, peinte sur une tour,
Je vis la Conquête trônant majestueusement,
Avec une épée tranchante au-dessus de la tête,
2030   Suspendue par une mince ficelle [de chanvre].

Était peint aussi le meurtre de Jules César,
Celui du grand Néron et celui d'Antoine;
Bien qu'à l'époque ils ne fussent pas nés,
Leur mort était cependant peinte à l'avance
2035 Avec la menace de Mars juste dans le diagramme.
On montrait donc dans ces peintures,
Tout comme cela est dépeint dans les étoiles
Celui qui serait tué ou celui qui mourrait par amour.
Qu'un seul exemple de ces vieilles histoires suffise;
2040 Même si je voulais, je ne pourrais les raconter toutes.

    La statue de Mars était dressée sur une charrette,
[Il était]' en armes et semblait menaçant comme s'il était enragé;
Au-dessus de sa tête brillent deux figures
D'étoiles que l'on appelle dans les Écritures
2045 Celle-ci Puella et l'autre Rubeus
    – C'est ainsi qu'était équipé ce dieu des armes.
Un loup se tenait devant lui à ses pieds;
Avec des yeux rouges et il mangeait un homme;
D'un pinceau subtil cette histoire était peinte
2050 Par crainte de Mars et de sa gloire.
Maintenant, vers le temple de la chaste Diane,
Aussi brièvement que je puis, je veux me hâter,
Afin de vous en faire la description.
De haut en bas, les murs sont peints
2055 De scènes de chasse et de chasteté farouche.
C'est là que j'ai vu comment la pauvre Callisto,
Quand Diane fut outragée par elle,
Fut transformée de femme en ours,
Et, plus tard, devint l'étoile polaire.
2060 C'est ainsi qu'elle était peinte, je ne puis vous en dire plus.
Son fils est lui aussi une étoile, comme on peut le voir.
J'y vis Daphné changée en arbre;
    – Je ne parle pas de la déesse Diane
Mais de la fille de Pennée, qui s'appelait Daphné.
2065 J'y vis Actéon transformé en cerf
Par vengeance, parce qu'il avait vu Diane dans toute sa nudité;
J'ai vu comment ses chiens l'ont attrapé
Et mangé,–ils ne le reconnaissaient pas.

Un peu plus loin était peint
2070 Comment Atalante chassa le sanglier,
Et Méléagre, et bien d'autres
Auxquels Diane apporta soucis et misère.
J'y ai vu beaucoup d'autres histoires merveilleuses
Dont je n'ai pas envie de me souvenir.

2075 Cette déesse était assise bien haut sur un cerf,
Avec de petits chiens à ses pieds;
Sous ses pieds était une lune,
- Elle croissait, mais allait bientôt décroître.
Sa statue était vêtue d'un vert brillant;
2080 Elle avait un arc en main et des flèches dans un carquois.
Elle regardait vers le bas,
Vers les sombres domaines de Pluton.
Une femme en travail était devant elle;
Mais son enfant était si lent à naître
2085 Qu'elle commença très pitoyablement à appeler Lucine,
En disant, "Aide-moi, toi qui le peux mieux qu'une autre ! "
[L'artiste] savait peindre avec vie ce qu'il créait;
Il avait dû payer ses couleurs bon nombre de florins.

Maintenant, ces lices sont terminées, et Thésée,
2090 Qui avait ainsi préparé, à grands frais,
Chaque partie du temple et du théâtre,
Se sentait merveilleusement bien quand ce fut terminé.
Mais je vais quitter un peu Thésée
Pour vous parler de Palamon et d'Arcite.

2095 Le jour de leur retour approche,
Ce jour où chacun devait amener une centaine de chevaliers
Pour se livrer bataille comme je vous l'ai conté.
Et, vers Athènes, pour tenir sa promesse,
Chacun d'eux amenait une centaine de chevaliers
2100 Parfaitement armés pour la guerre.
Et plus d'un homme, assurément, considérait
Que jamais depuis que le monde existe,
- En matière d'exploits chevaleresques,
Aussi loin que Dieu a fait mer et terre -,
2105 Il n'y eut autant de preux dans un compagnie aussi réduite.

Car, tout qui aimait la chevalerie
Et voulait s´y faire un nom
Les avait suppliés de pouvoir être de la partie;
Et heureux celui qui était choisi.
2110 S´il se produisait demain la même chose,
Vous savez bien que chaque chevalier passionné
Qui aime une dame et en est le champion,
Que ce soit en Angleterre ou ailleurs,
Voudrait y être pour elle,
2115 – Combattre pour une dame, *benedicitee* ! –
Ce serait bien amusant à voir.

        Ils partaient donc avec Palamon.
De nombreux chevaliers l´accompagnaient;
Certains avaient choisi d´être armés d´un haubergeon,
2120 D´un plastron et d´une tunique légère;
Certains avaient choisi une paire de larges plaques,
D´autres avaient voulu un bouclier de Prusse ou une targe;
Certains voulaient être armés de jambières
Et avoir une hache; d´autres voulaient une masse d´acier
2125 – Il n´est nouvelle mode qui n´ait été ancienne.
Ils étaient armés, comme je vous l´ai dit,
Chacun selon son gré.

        On pouvait voir, accompagnant Palamon,
Lycurgue lui-même, le grand roi de Thrace.
2130 Sa barbe était noire et son visage viril;
Les cercles de ses yeux, dans sa tête,
Brillaient d´une couleur entre le jaune et le rouge;
Tel un griffon, il regardait autour de lui,
Avec des poils grossiers dans ses épais sourcils;
2135 Il avait de grands membres; ses muscles étaient durs et puissants;
Ses épaules étaient larges, ses bras ronds et longs;
Comme c´était l´habitude dans son pays,
Il était perché bien haut sur un char en or
Tiré par quatre taureaux blancs.
2140 En lieu et place d´un surcot sur son harnois,
Il portait une peau d´ours noire comme charbon de vieillesse,
Avec des griffes jaunes et brillantes comme de l´or.

Ses longs cheveux étaient peignés dans son dos;
Ils brillaient noirs comme des plumes de corbeau;

2145 [Il portait] une couronne d´or, grosse comme un bras, d´un
                                         poids énorme,
Sur la tête; elle était rehaussée de nombreuses pierres brillantes,
De fins rubis et de diamants.
De blancs mâtins accompagnaient son char;
Vingt et plus, grands comme de jeunes boeufs,

2150 Pour chasser le lion et le cerf,
Et ils le suivaient, le museau enfermé [dans une muselière]
Colorée d´or et entourée d´anneaux.
Il avait dans sa suite une centaine de seigneurs
Fort bien armés, et le coeur menaçant et brave.

2155 Avec Arcite, comme on l´apprend dans les histoires,
[Se trouvait] le grand Émétréus, roi de l´Inde;
Sur un destrier bais avec un caparaçon d´acier,
Et couvert d´un manteau d´or bien diapré,
Il avançait tel Mars, le dieu des armes.

2160 Son surcot était en drap de Tarse
Décoré de grandes perles rondes et blanches;
Sa selle était d´or bruni, récemment martelé;
Sur ses épaules pendait un mantelet,
Couvert de rubis rouges, brillant comme le feu;

2165 Ses cheveux crépus étaient bouclés comme des anneaux;
Ils étaient jaunes et étincelaient comme le soleil.
Son nez était haut, ses yeux d´un citron brillant;
Ses lèvres rondes, son teint sanguin;
Il avait quelques taches de rousseur sur le visage :

2170 [Elles étaient] entre le jaune et le noir.
Il lançait un regard de lion.
Je crois qu´il devait avoir vingt-cinq ans.
Sa barbe avait commencé à pousser;
Sa voix était tonitruante comme une trompette.

2175 Sur la tête il portait une guirlande
De laurier vert, fraîche et belle à voir.
Au poing, pour son plaisir, il portait
Un aigle apprivoisé, blanc comme un lys.
Il avait une centaine de seigneurs avec lui,

2180 Tous armés, sauf la tête, en grand apparat,
Très richement [équipés], à tous les points de vue.
Car, croyez bien que les ducs, les comtes et les rois
S'étaient assemblés dans cette noble compagnie :
Pour l'amour et la grandeur de la chevalerie.
2185 Autour de ce roi, couraient, de tous côtés,
Bon nombre de lions et de léopards apprivoisés.
C'est ainsi que tous ces seigneurs
Sont arrivés dans la cité un dimanche,
A prime, et ils descendirent de cheval dans la ville.

2190 Thésée, ce duc, ce vaillant chevalier,
Quand il les eut introduits dans la cité
Et les eut hébergés, chacun selon son rang,
Les festoya et se donna tant de mal
Pour les mettre à l'aise et leur faire honneur à tous,
2195 Que l'on pense encore que personne,
D'aucun rang, n'aurait pu faire mieux.

Les ménestrels, le service du festin,
Les somptueux cadeaux pour le plus grand comme le plus petit,
Le riche arroi du palais de Thésée,
2200 Qui était le premier ou le dernier sur l'estrade,
Quelles dames étaient les plus belles ou dansaient le mieux,
Qui d'entre eux dansait et chantait le mieux,
Qui parlait d'amour avec le plus d'expression,
Quels faucons étaient perchés,
2205 Quels chiens étaient couchés sur le sol
— Voici toutes choses que je ne mentionnerai pas,
Sinon pour dire que tout me paraît au mieux.
Mais venons-en au but et écoutez, s'il vous plaît.

La nuit du dimanche, avant que le jour ne commençât à
poindre,
2210 Quand Palamon entendit chanter l'alouette
(Bien qu'il s'en fallût encore de deux heures avant qu'il ne
fit jour,
L'alouette chantait), alors, Palamon,
Le coeur rempli d'un grand courage et de foi
Se leva pour se rendre en pèlerinage

2215 Dans le temple de la bienheureuse et bonne Cythérée
– Je veux dire Vénus, digne et honorable.
Et, à son heure il va
Vers la lice, où était son temple,
Et il se met à genoux, le visage humble
2220 Et le coeur triste; il dit, comme vous allez l'entendre :

"Toi la plus belle des belles, Vénus, ma dame,
Fille de Jupiter et épouse de Vulcain,
Toi la lumière du mont de Cythère,
Par cet amour que tu as eu pour Adonis,
2225 Aie pitié de mes larmes amères
Et reçois mon humble prière dans ton coeur.
Hélas ! Je ne connais pas les mots pour te conter
Les effets et les tourments de mon enfer;
Mon coeur ne peut dévoiler mes maux;
2230 Je suis si confus que je ne puis que dire
"Pitié, brillante dame, qui connaît bien ma pensée
Et voit les maux que j'endure ! "
Pense à tout ceci et aie pitié de ma douleur;
Alors, à tout jamais, aussi sagement que possible,
2235 Dans la mesure où je le pourrai, je serai ton fidèle serviteur,
Et je ferai toujours la guerre à la chasteté.
J'en fais le voeu, alors aide-moi !
Peu m'importe de me vanter de faits d'armes,
Je ne demande pas non plus à remporter la victoire demain,
2240 Ni un renom dans cette affaire, ni la gloriole
D'une prise d'armes claironnée partout;
Mais je veux avoir la pleine possession
D'Émilie, et mourir à son service.
Trouves-en la méthode et la manière :
2245 Peu m'importe
Si j'ai la victoire sur eux, ou eux sur moi,
Du moment que j'aie ma dame dans mes bras.
Car, bien que Mars soit le dieu des armes,
Ta vertu est si grande dans le ciel
2250 Que, si tu le souhaites, j'aurai mon amour.
J'adorerai toujours ton temple
Et, sur ton autel, où que je chevauche et où que j'aille,

Je ferai sacrifice et attiserai les feux.
Mais, si tu refuses, ma douce dame,

2255 Alors, je t'en prie, qu'Arcite, demain
Me perce le coeur d'une lance.
Alors, peu m'importe, quand j'aurai perdu la vie,
Qu'Arcite la gagne comme épouse.
Voici donc le but et la fin de ma prière :

2260 Donne-moi mon amour, toi ma bienheureuse et chère dame."

Quand Palamon eut terminé son oraison
Il fit son sacrifice sur le champ,
Bien pitoyablement et en observant tous les rites,
Je ne vous les raconterai pas tous maintenant,

2265 Mais finalement la statue de Vénus trembla
Et fit un signe d'où il comprit
Que sa prière était reçue en ce jour.
Car, bien que le signe eût accusé un retard,
Il savait bien que sa requête était exaucée.

2270 C'est donc le coeur content qu'il rentra tout de suite chez lui.
A la troisième heure inégale, après que Palamon
Se fût rendu au temple de Vénus,
Le soleil se leva et Emilie en fit autant,
Qui se hâta vers le temple de Diane.

2275 Les jeunes filles qu'elle avait emmenées,
Portaient le feu avec elles,
L'encens, les vêtements et toutes les autres choses
Appropriées au sacrifice.
Suivant l'usage, [les cornes] étaient remplies d'hydromel :

2280 Il ne manquait rien pour le sacrifice.
Après avoir parfumé le temple rempli de beaux vêtements,
Émilie, le coeur résigné,
Lava son corps avec de l'eau d'un puits.
Je n'ose raconter comment elle exécuta le rite,

2285 Sinon en termes généraux;
Pourtant, cela aurait été agréable à entendre.
Cela ne ferait rien à un bien pensant;
Mais il est bon qu'un homme soit libre.
Ses cheveux brillants étaient noués et peignés;

2290   Une couronne d'yeuse
        Était fort joliment déposée sur sa tête.
        Elle alla attiser deux feux sur l'autel
        Et accomplit les rites que l'on peut lire
        Chez Stace de Thèbes et dans ces vieux livres.
2295   Quand elle eut attisé le feu, le visage triste,
        Elle parla à Diane, comme vous pouvez l'entendre :

        "O chaste déesse des bois verts,
        Toi qui vois à la fois le ciel, la terre et la mer,
        Reine du sombre empire de Pluton là-dessous,
2300   Déesse de vierges, qui connaît mon coeur
        Depuis des années et sait ce que je désire,
        Protège-moi de ta vengeance et de ta colère
        Dont Actéon a fait la cruelle expérience.
        Chaste déesse, tu sais bien que je
2305   Désire être une vierge toute ma vie
        Et ne veux jamais être maîtresse ni épouse.
        Je suis, tu le sais, encore de ta compagnie,
        Vierge, et j'aime la chasse et la vénerie
        Et me promener dans les bois sauvages,
2310   Et je ne veux pas être une épouse et avoir des enfants.
        Je ne veux pas connaître la compagnie d'un homme.
        Aide-moi, ma dame, puisque tu le peux et en es capable,
        Par les trois formes que tu as en toi.
        Entre Palamon qui a un tel amour pour moi,
2315   Et Arcite, qui m'aime si douloureusement,
        (Je te demande cette grâce sans plus)
        Envoie l'amour et la paix entre eux deux,
        Détourne de moi leurs coeurs
        Si bien que leur amour brûlant, leur désir,
2320   Leur tourment agité et leur feu
        Soient éteints ou se portent ailleurs.
        Mais, si tu ne veux me faire cette grâce,
        Ou si mon destin est prévu de façon
        Que je doive absolument avoir l'un d'eux,
2325   Alors envoie-moi celui qui me désire le plus.
        Vois, déesse de la pure chasteté,
        Les larmes amères qui roulent sur mes joues.

Puisque tu es vierge et gardienne de nous toutes,
Garde et protège bien ma virginité,
2330 Et tant que je vivrai je te servirai en vierge."

  Les feux brûlaient sur l'autel clair
Pendant qu'Émilie était ainsi en prière.
Mais elle eut soudain une vision étrange :
Tout à coup l'un des feux s'éteignit
2335 Et se ralluma ensuite, et, tout de suite après,
L'autre feu s'éteignit et resta éteint;
En s'éteignant il émit un sifflement,
Comme font les bûches mouillées quand elles brûlent,
Et, du bout des bûches, se mirent à couler
2340 En grand nombre des espèces de gouttes de sang.
Émilie en fut si douloureusement effrayée
Qu'elle en devint presque folle et qu'elle commença à crier,
Car elle ne savait ce que cela signifiait;
Elle ne cria qu'à cause de la peur
2345 Et elle pleura tellement que c'était pitié de l'entendre.
C'est alors qu'apparut Diane,
Avec un arc en main, comme une chasseresse,
Et dit : "Ma fille, calme tes inquiétudes.
Il est attesté là-haut chez les dieux,
2350 Et écrit et confirmé par une parole éternelle,
Que tu épouseras l'un de ces deux jeunes gens
Qui t'aiment tellement et ont si grande douleur pour toi;
Mais je ne puis te dire lequel des deux ce sera.
Adieu, car je ne puis rester plus longtemps.
2355 Les feux qui brûlent sur mon autel
Te diront avant que tu ne partes d'ici
Ton aventure d'amour en cette situation."
A ces mots, les flèches dans le carquois
De la déesse se cognèrent et sonnèrent,
2360 Puis elle partit et disparut;
De quoi Émilie demeura pétrifiée
Et dit : "Hélas ! qu'est-ce que cela signifie ?
Je me mets sous ta protection,
Diane, et suis à ta disposition."
2365 Et elle retourna à la maison par le chemin le plus court.

C´est tout, il n´y a rien à ajouter.

A l´heure suivante, qui était consacrée à Mars,
Arcite se rendit au temple
Du fier Mars pour y faire un sacrifice,
2370 Avec tous les rites de cette coutume païenne.
Le coeur triste et plein de dévotion,
Il fit tout droit à Mars cette oraison :

"O dieu puissant, toi qui es honoré et considéré
Comme seigneur dans ce froid royaume de Thrace,
2375 Et qui as, dans chaque royaume et chaque pays,
La bride de toutes les armes dans ta main,
Toi qui décides de leur fortune à ton gré,
Accepte de moi ce sacrifice digne de pitié.
S´il se trouve que ma jeunesse a du mérite
2380 Et que ma puissance est digne de servir
Ta divinité, de sorte que je puisse être l´un des tiens,
Alors, je t´en prie, aie pitié de ma douleur.
Par cette même douleur et ce même feu ardent
Dont tu as autrefois brûlé de désir,
2385 Lorsque tu jouissais de la beauté
De la belle, jeune, fraîche et libre Vénus,
Et que tu la tenais dans tes bras à ton vouloir
– Même si une fois cela tourna mal pour toi,
Quand Vulcain te prit à son piège,
2390 Et te trouva couché avec sa femme, hélas ! –
Par ce même chagrin que tu avais dans le coeur,
Aie pitié de ma triste peine.
Comme tu le sais, je suis jeune et inexpérimenté ;
Et, comme je le crois, plus offensé par l´amour
2395 Que ne le fut jamais créature vivante ;
Car, celle qui me fait endurer toute cette peine
Ne se soucie pas de savoir si je sombre ou si je flotte.
Je sais bien qu´avant qu´elle ne m´accorde sa pitié,
Je dois la gagner par la force sur la place
2400 – Et je sais que, sans ton aide et ta grâce,
Ma force ne pourra rien.
Alors, aide-moi, seigneur, demain dans ma bataille,

Par ce feu qui te brûla jadis
Tout comme il me brûle maintenant,
2405   Fais que j'aie la victoire demain.
Ce sera mon travail, et la gloire sera tienne !
Je veux honorer ton temple souverain plus que tout autre
Endroit, et je veux toujours me consacrer
A ton plaisir et à tes arts robustes,
2410   Et, dans ton temple je veux pendre ma bannière
Et toutes les armes de ma compagnie;
Et toujours, jusqu'au jour où je mourrai,
Je te procurerai le feu éternel.
Je veux aussi me lier par ce voeu :
2415   Ma barbe, mes cheveux qui pendent si bas
Et qui jamais encore n'ont subi l'offense
Du rasoir ou des ciseaux, je te les offre
Et serai ton fidèle serviteur tant que je vivrai.
Maintenant, seigneur, aie pitié de mon dur chagrin;
2420   Donne-moi la victoire, je ne t'en demande pas plus."

        La prière du puissant Arcite s'arrêta;
Les anneaux qui pendaient aux portes du temple
Et les portes elles-mêmes claquèrent fortement,
Ce dont Arcite s'effraya un peu.
2425   Les feux brûlèrent si fort sur l'autel brillant
Qu'ils éclairèrent tout le temple;
Une douce senteur s'éleva soudain du sol,
Et Arcite leva tout de suite la main
Et jeta davantage d'encens dans le feu,
2430   Observant encore d'autres rites; et, finalement,
La statue de Mars fit sonner son haubert;
En même temps il entendit un murmure
Très bas et très sourd, qui disait ainsi : "Victoire ! "
Ce dont il rendit honneur et gloire à Mars.
2435   Ainsi, avec la joie et l'espoir de réussir,
Arcite retourna alors à son auberge,
Heureux comme un oiseau l'est du soleil brillant.

        Aussitôt il s'éleva une telle querelle
A cause de cette grâce, dans le ciel là-haut,

2440	Entre Vénus, la déesse de l´amour,
	Et Mars, le sévère dieu tout-puissant,
	Que Jupiter s´affaira à la calmer;
	[Cela dura] jusqu´à ce que le pâle et froid Saturne,
	Qui connaissait tant de vieilles aventures,
2445	Trouvât dans sa vieille expérience un artifice
	Par lequel il satisfit rapidement les deux parties.
	Il est vrai de dire que l´âge possède un grand avantage;
	L´âge possède à la fois la sagesse et l´expérience;
	On peut dépasser les vieux à la course, mais jamais par l´esprit.
2450	Saturne, tout de suite, pour arrêter la querelle et la peur,
	Bien que ce fût contre sa nature,
	Trouva un remède à toute cette querelle.

“Vénus, ma chère fille”, dit Saturne,
“Ma course, qui est si large à tourner,
2455 A plus de pouvoir que quiconque ne le sait.
Mienne est la noyade dans la mer si livide;
Mienne est la prison dans le sombre donjon;
Miennes la strangulation et la pendaison par la gorge,
Le murmure et la rébellion des paysans,
2460 Le mécontentement et l´empoisonnement secret;
J´exécute la vengeance et la stricte justice,
Pendant que je suis sous le signe du lion.
Mienne est la ruine des hauts palais,
La chute des tours et des murs
2465 Sur le mineur et le charpentier.
J´ai frappé Samson, qui secouait le pilier;
Miennes sont les froides maladies,
Les sombres trahisons et les vieux complots;
Mon regard est le père de la peste.
2470 Ne pleure plus, je vais faire diligence,
De sorte que Palamon, qui est ton propre chevalier,
Aura sa dame, comme tu le lui as promis.
Mars aidera son chevalier, mais cependant
La paix devra régner un certain temps entre vous,
24 75 Bien que vous n´ayez pas le même tempérament,
Ce qui provoque chaque jour une telle division.
Je suis ton aïeul, prêt à satisfaire ta volonté;

Ne pleure plus, je veux satisfaire ton souhait."
Maintenant, je vais cesser [de parler] des dieux là-haut,
2480 De Mars et de Vénus, la déesse de l'amour,
Et vous conter aussi simplement que je peux
La fin [de l'histoire] que j'ai commencée.

Explicit tercia pars

Sequitur pars quarta

La fête était grande dans Athènes en ce jour,
Et la joyeuse saison de Mai
2485 Mettait chaque être dans un tel plaisir
Que, durant ce lundi, tous joutaient et dansaient,
Et consacraient la journée au service de Vénus.
Mais, comme ils devaient se lever tôt
Pour voir le grand combat,
2490 Ils allèrent se coucher à la nuit.
Et, le matin, quand le jour pointa,
Bruit de chevaux et vacarme de harnois
Il y eut dans les hôtelleries d'alentour;
Et vers le palais chevaucha plus d'une compagnie
2495 De seigneurs sur des destriers et des palefrois.
On pouvait voir des garnitures de harnais
Très curieuses, très riches et très bien ouvragées
En orfèvrerie, en broderie et en acier;
Il y avait des boucliers brillants, des casques et des carapaçons,
2500 Des heaumes en or, des hauberts et des surcots;
Des seigneurs en manteau d'apparat sur leurs coursiers,
Des chevaliers de leur suite et aussi des écuyers
Clouant les [pointes des] lances [aux hampes] et bouclant les
                                                    heaumes;
On attachait des boucliers avec des lanières
2505 (Là où on avait besoin d'aide, personne ne restait oisif);
Les destriers écumants mordaient leurs mors dorés,
Et les armuriers allaient prestement
De l'un à l'autre avec limes et marteaux;
Il y avait des valets à pied et beaucoup de gens du commun,
2510 Munis de petits bâtons, en rangs serrés;

Il y avait des cornemuses, des trompettes, des timbales, des
                                                    clairons,
Qui, dans la bataille, émettent des sons sanglants;
De haut en bas, le palais était rempli de gens,
Ici trois, là dix; ils discutaient,
2515 Pariant sur les deux chevaliers thébains.
Certains disaient une chose, d´autres disaient "il en sera ainsi";
Certains tenaient avec celui à la barbe noire,
D´autres avec le chauve, d´autres encore avec le chevelu;
Certains disaient qu´il était résolu et qu´il combattrait;
2520 "Il a une hache de bataille qui pèse vingt livres."
Ainsi les paris fusaient dans le palais
Bien avant que le soleil se fût levé.

Le grand Thésée avait été éveillé de son sommeil
Par les ménestrels et le bruit que l´on faisait;
2525 Il resta dans la chambre de son riche palais
Jusqu´à ce que les chevaliers thébains, tous deux également
Honorés, soient amenés dans son palais.
Le duc Thésée était assis à sa fenêtre;
Paré comme s´il était un dieu sur son trône.
2530 Les gens se pressèrent rapidement là-bas
Pour le voir et lui faire la grande révérence,
Et aussi pour entendre ses ordres et décisions.
Un héraut, monté sur une estrade, cria "Oo ! "
Jusqu´à ce que le bruit de la foule cessât;
2535 Et quand il vit qu´ils étaient silencieux,
Alors il dévoila la volonté du puissant duc.

"Dans son haut discernement, le seigneur
A considéré que ce serait la destruction
Du noble sang de se livrer une bataille mortelle
2540 Dans ce tournoi.
C´est pourquoi, pour faire en sorte que nul ne périsse,
Il veut modifier sa première intention.
C´est ainsi qu´aucun homme, sous peine de perdre la vie,
Ne peut envoyer ou apporter dans la lice
2545 De flèche, de hache de bataille ou de coutelas;
Aucun homme ne peut tirer ou porter au côté
De glaive, pour frapper de la pointe piquante.

Tout homme ne chevauchera contre son adversaire
Qu´une fois, avec une lance aiguisée;
2550 Qu´il se défende à pied s´il le souhaite.
Et, celui qui aura le dessous
Ne sera pas tué, mais sera conduit dans l´enclos
Qui sera aménagé de chaque côté;
Il y sera conduit de force et y restera.
2555 Et s´il arrive que le chef soit pris
De l´un ou l´autre côté, ou qu´il soit tué,
Le tournoi ne durera pas plus longtemps.
Que Dieu vous aide ! Allez-y ! Faites vite !
Battez-vous votre soûl avec votre longue épée et vos masses.
2560 Allez votre chemin, c´est la volonté du seigneur.´´

Les cris des gens montèrent jusqu´au ciel
Tant ils criaient d´une voix joyeuse,
"Dieu nous garde un seigneur qui est si bon
Qu´il ne veut pas détruire le sang noble ! ´´
2565 Les trompettes et la mélodie s´élevèrent
Et la compagnie se rendit aux lices,
En bon ordre, à travers la grande cité
Décorée de drap d´or et non de serge.

Tel un seigneur, le noble duc chevauchait,
2570 Les deux Thébains à ses côtés;
Ensuite chevauchaient la reine et Émilie,
Et, après cela une autre compagnie,
Un après l´autre, suivant leur rang.
Ils traversèrent ainsi la cité
2575 Et arrivèrent aux lices à l´heure dite.
Il n´était pas encore tout à fait prime
Que déjà étaient assis Thésée, riche et élevé,
La reine Hippolyte et Émilie,
Et d´autres dames, sur les gradins avoisinants.
2580 Toute la foule se pressa vers les sièges.
A l´ouest, par les portes sous [la statue de] Mars,
Entrèrent tout de suite Arcite et ses cent compagnons,
Portant une bannière rouge.
Au même moment [entra] Palamon

2585   Par la porte est, sous la statue de Vénus;
        Avec une bannière blanche, l'allure et le visage fiers.
        On aurait pu chercher dans le monde entier,
        Jamais on n'aurait trouvé de telles compagnies,
        Aussi égales, sans différence;
2590   Personne n'aurait été suffisamment sage pour dire
        Que l'une avait l'avantage sur l'autre,
        En vaillance, en rang, en âge,
        Tant elles avaient été choisies de manière égale, à première vue.
        Elles se disposèrent en deux belles rangées.
2595   Quand on eut appelé chacun par son nom
        Pour qu'il n'y eût pas de tricherie parmi eux,
        Alors on ferma les portes, et l'on cria fortement :
        "Faites votre devoir, fiers jeunes chevaliers ! "

        Les hérauts cessèrent leurs allées et venues;
2600   Les trompettes et les clairons sonnèrent bien haut.
        Il n'y a rien d'autre à dire, sinon qu'à l'ouest et à l'est
        Les lances furent mises en arrêt tristement;
        Les éperons tranchants se plantèrent dans les flancs [des chevaux].
        Alors, on put voir qui savait jouter et chevaucher.
2605   Les hampes tremblèrent sur les épais boucliers;
        Chacun ressentit un pincement à l'estomac.
        Les lances s'élevèrent de vingt pieds.
        Les brillantes épées d'argent se dressèrent,
        Elles hachèrent et coupèrent les heaumes;
2610   Le sang gicla en flots férocement rouges;
        Avec des masses puissantes, ils fracassèrent les os.
        Un [chevalier] se lança au plus épais de la troupe,
        Les puissants destriers trébuchèrent et tous tombèrent sur le sol.
        Un autre [chevalier] roule sous le pied comme une balle;
2615   Un autre se lance, à pied, avec le tronçon [de sa lance];
        Un autre est jeté en bas de son cheval;
        Un autre encore est blessé au corps, emporté
        Malgré lui et amené dans l'enclos :
        Comme c'était prévu, il devait y rester.
2620   Un autre jouvenceau est emmené de l'autre côté.
        A certains moments, Thésée les fait s'arrêter
        Pour qu'ils se rafraîchissent et boivent, s'ils le souhaitent.

Plusieurs fois sur la journée, les deux Thébains
Se rencontrèrent et se mirent à mal;
2625   Chacun d'eux a démonté l'autre.
Il n'était tigresse dans la vallée de Galgophée
Lorsque son petit lui était volé en bas âge,
Aussi cruelle à la chasse que ne l'est Arcite,
Le coeur jaloux de Palamon.
2630   De même, il n'est lion aussi féroce en Belmarie
Qui, chassé ou fou de faim,
Désire autant le sang de sa proie
Que Palamon désire tuer son ennemi Arcite.
Les coups jaloux frappent leurs heaumes;
2635   Le sang coule rouge des deux côtés.

     Il y a toujours une fin à tout.
Et, avant que le soleil n'aille se coucher,
Le puissant roi Émétréus attaqua
Palamon, alors qu'il combattait avec Arcite,
2640   Et son épée mordit profondément sa chair;
Il est capturé de force par vingt [chevaliers]
Et traîné dans l'enclos.
Alors qu'il allait à la rescousse de Palamon,
Le puissant roi Lycurgue fut démonté,
2645   Et le roi Émétréus, malgré toute sa force,
Fut vidé de sa selle à distance d'épée,
Ce fut Palamon qui le frappa avant d'être pris;
Mais tout cela pour rien, il fut conduit à l'enclos.
Son coeur vaillant ne pouvait l'aider en rien:
2650   Puisqu'il avait été capturé, il devait attendre
De force, et aussi par convention.

     Qui se lamente maintenant plus que le misérable Palamon,
Qui ne peut plus aller se battre ?
Quand Thésée eut aperçu ce tableau,
2655   A tous ceux qui combattaient ainsi entre eux
Il cria : "Arrêtez, c'est fini !
Je veux être un juge équitable et sans parti pris.
Arcite de Thèbes aura Émilie;
Sa fortune a voulu qu'il la gagne loyalement."

2660 Aussitôt il se leva dans la foule un bruit
De joie à cette annonce, si fort et si haut
Qu'il sembla que les lices allaient s'écrouler.

Que peut faire à présent la belle Vénus là-haut ?
Que dit-elle maintenant ? Que fait cette reine de l'amour
2665 Sinon pleurer, parce que sa volonté n'a pas été faite,
Au point que ses larmes tombent sur les lices ?
Elle dit : "Je suis humiliée, sans aucun doute."

Saturne répondit : "Ma fille, apaise-toi !
Mars a gagné, son chevalier a eu sa récompense,
2670 Mais, par mon chef, tu seras bientôt satisfaite."

Les trompettes et la lourde musique des ménestrels,
Les hérauts, qui clament et crient bien haut,
Sont en grande liesse en l'honneur de sire Arcite.
Mais, écoutez-moi, et arrêtez un peu ce bruit,
2675 Car un miracle se produisit alors.

Le fier Arcite a retiré son heaume,
Et, pour montrer son visage, monté sur un coursier,
Il arpente le grand théâtre
Regardant haut vers Émilie.
2680 Et elle lui renvoie un regard amical;
(Car les femmes, pour parler en général
Suivent toutes les faveurs de la Fortune)
Et elle était toute la joie du coeur [d'Arcite].

Du sol surgit une furie infernale,
2685 Envoyée par Pluton, à la requête de Saturne,
Dont le cheval [d'Arcite] prit peur, et il fit demi-tour,
Courut sur le côté et trébucha en courant;
Et, avant qu'il pût prendre garde,
Arcite tomba sur le sommet de la tête
2690 Si bien qu'il gisait dans le théâtre comme s'il était mort,
La poitrine écrasée par l'arçon de la selle.
Il était aussi noir que le charbon ou qu'une corneille,
Tant le sang avait coulé sur son visage.
Tout de suite il fut emporté hors du théâtre,

2695 D'un coeur triste, vers le palais de Thésée;
Ensuite, on découpa son harnois pour l'en sortir,
Et on le porta convenablement et rapidement dans un lit,
Car il était encore conscient et vivant,
Et appelait constamment Emilie.

2700 Le duc Thésée avec toute sa compagnie
Est rentré à Athènes, sa cité,
Avec force joie et grande solennité.
Malgré cet accident,
Il ne voulait pas les décourager tous.

2705 On disait aussi qu'Arcite ne mourrait pas
Mais qu'il serait sauvé de la maladie.
Ils se réjouissaient aussi d'une autre chose :
Aucun d'entre eux n'avait été tué,
Bien qu'ils eussent été dangereusement blessés, et surtout un,

2710 Dont le sternum avait été percé d'une lance.
Pour les autres blessures et les bras cassés,
Certains avaient des onguents, d'autres des charmes;
Ils buvaient des potions d'herbes, et aussi de la sauge,
Car ils voulaient retrouver [l'usage de] leurs membres.

2715 C'est pourquoi le noble duc, dans la mesure du possible,
Réconfortait et honorait chaque homme,
Et faisait [durer] les récréations toute la nuit
Pour ses hôtes étrangers, comme il était juste.
Rien n'était considéré comme déconfiture,

2720 Mais comme une joute, ou comme un tournoi;
Car vraiment il n'y avait pas eu déconfiture.
Car tomber n'était rien qu'une aventure,
Et, être conduit de force dans l'enclos
[Sans se rendre], être pris par vingt chevaliers,

2725 Quand on est seul, sans aucune aide,
Être tiré par un pied, par un bras, un orteil,
Voir son destrier conduit de force à coups de bâton,
Par des valets de pied, à la fois yeomen et serviteurs,
Ne pouvait en rien être considéré comme vilenie;

2730 Personne ne pouvait parler de couardise.
C'est pourquoi tout de suite le duc Thésée fit crier
De mettre fin à toute rancoeur et à toute envie.

La valeur [étant] aussi bien d´un côté que de l´autre,
Et les deux partis presque frères;
2735 Il leur donna des présents selon leur rang,
Et tint une fête trois jours durant,
Puis il accompagna dignement les rois
Hors de la cité un jour de marche.
Chacun rentra chez lui par le bon chemin.
2740 On se quitta sur un simple "Bon voyage ! Bonne journée ! "
De cette bataille je ne vous parlerai plus,
Mais je vais retourner à Palamon et à Arcite.

    La poitrine d´Arcite gonflait, et la douleur
Se développait toujours plus dans son coeur.
2745 Le sang caillé, malgré tout l´art du médecin,
Se corrompait et restait dans son tronc.
Si bien que ni la saignée, ni les ventouses,
Ni l´infusion d´herbes, rien ne pouvait aider.
La vertu expulsive, ou animale,
2750 De cette même force appelée naturelle
Ne peut chasser ni évacuer le venin.
Les soufflets de ses poumons commencèrent à gonfler,
Et chaque muscle dans le bas de sa poitrine
Est rempli de venin et d´infection.
2755 Rien n´aide à lui faire reprendre vie :
Ni les vomitifs vers le haut, ni les laxatifs vers le bas.
Toute cette région est détruite;
La nature n´a plus de pouvoir.
Et, à coup sûr, là où la nature ne veut pas opérer,
2760 Adieu la médecine !   Conduisez l´homme à l´église !
Il était donc évident qu´Arcite devait mourir;
C´est pourquoi il fit quérir Émilie
Et Palamon, qui était son cher cousin.
Alors il leur dit, comme vous allez l´entendre :
2765 "Jamais le malheureux esprit de mon coeur ne pourra
Te dire mie de toutes mes douleurs,
A toi, ma dame, que j´aime par-dessus tout;
Mais je te laisse le soin de mon esprit,
A toi avant toute autre créature
2770 Puisque ma vie ne peut plus durer.

Hélas ! Quel malheur ! Hélas ! Quelles fortes peines
J´ai souffertes pour toi, et si longtemps !
Hélas ! La mort ! Hélas ! Mon Émilie !
La séparation de notre couple !
2775 Hélas ! Reine de mon coeur ! Hélas ! Ma femme !
Dame de mon coeur, toi qui mets fin à mes jours !
Qu´est le monde ? Que veulent les hommes ?
Aujourd´hui il est avec son amour, demain il sera dans la
                                          froide tombe,
Seul, sans aucune compagnie.
2780 Au revoir, ma douce ennemie, mon Émilie !
Mais prends-moi doucement dans tes deux bras,
Pour l´amour de Dieu, écoute ce que je dis.

J´ai eu ici avec mon cousin Palamon
Une querelle et une rancoeur voici longtemps
2785 Par amour de toi et par ma jalousie.
Que Jupiter le sage dirige mon âme
Pour que je puisse parler convenablement d´un de ses serviteurs
Et en donner sincèrement tous les détails
- C´est-à-dire, fidélité, honneur, chevalerie,
2790 Sagesse, humilité, condition élevée et noble naissance,
Liberté, et tout ce qui appartient à cet art.
Aussi vrai que Jupiter aura une partie de mon âme,
Dans ce monde je ne connais pour l´instant
Personne qui mérite autant d´être aimé que Palamon,
2795 Qui te sert et le fera toute sa vie.
Et si jamais tu deviens une épouse,
N´oublie pas Palamon, ce noble homme."
A ces mots son discours s´interrompit,
Car des pieds jusqu´à la poitrine était monté
2800 Le froid de la mort, qui l´avait terrassé,
Et de plus, dans ses deux bras,
La force vitale était partie et complètement perdue.
Seule l´intelligence, rien de plus,
Située dans son coeur malade et triste,
2805 Diminua lorsque son coeur sentit la mort.
Ses yeux s´assombrirent et son souffle faillit,
Mais il porta encore son regard sur sa dame,

Et son dernier mot fut : "Pitié, Émilie ! "
Son esprit changea de maison et s'en fut là,
2810   Je ne peux vous dire où, n'y étant jamais allé.
C'est pourquoi je m'arrête, je ne suis pas un devin.
Je ne trouve pas de mention des âmes dans ce livre
Et je n'ai pas envie de reprendre les opinions
De ces gens-là, bien qu'ils aient écrit où ils sont.
2815   Arcite est froid, Mars guide son âme !
Je vais en revenir à Émilie.

     Émilie criait, et Palamon hurlait,
Et Thésée emmena tout de suite sa soeur
Évanouie et la conduisit loin du corps.
2820   A quoi cela servirait-il de passer la journée
A vous raconter comment elle pleura le soir et le matin ?
En de tels cas, les femmes ont un tel chagrin,
Que, quand leurs époux les ont quittées,
Le plus souvent elles se lamentent ainsi,
2825   Ou alors elles tombent dans une telle maladie
Qu'à la fin elles meurent à coup sûr.
Infinis sont les chagrins et les larmes
Des gens âgés et des gens d'âge tendre
Dans toute la ville pour la mort du Thébain.
2830   L'enfant et l'homme pleurent pour lui;
On ne pleura certainement pas autant,
Quand Hector fut reconduit à Troie juste après
Sa mort. Hélas ! Quelle pitié il y a là !
On se griffait les joues, on s'arrachait les cheveux,
2835   "Pourquoi as-tu voulu mourir", criaient les femmes,
"Alors que tu avais assez d'or et que tu avais Émilie ? "

     Personne ne pouvait dérider Thésée,
Sinon son vieux père Égée,
Qui connaissait les bouleversements du monde,
2840   Comme il les avait vus, les hauts comme les bas,
La joie après le chagrin, et le chagrin après le bonheur,
Il en donnait des exemples et des cas analogues.

     "De même que jamais ne meurt homme", dit-il,
"Qui n'ait vécu sur terre dans une certaine mesure,

2845 De même ne vit jamais homme", dit-il,
"Dans ce monde, qui ne mourra un jour.
Ce monde n'est qu'un passage rempli de misère,
Et nous sommes des pèlerins, passant à travers.
La mort est une fin à la misère du monde."
2850 Il en dit encore plus à ce sujet,
A cette fin, cherchant fort sagement
A pousser les gens à se consoler.

Malgré tous ses soucis, le duc Thésée
Réfléchit pour savoir où la sépulture
2855 Du bon Arcite pourrait le mieux être élevée,
Et aussi de la façon la plus honorable pour son rang.
Finalement, il conclut
Que c'était là où Arcite et Palamon
S'étaient livré la première bataille pour leur amour,
2860 Que c'était dans ce même bosquet, doux et vert,
Là où il avait eu ses désirs amoureux,
Sa complainte et ses ardents feux d'amour,
Qu'il voulait faire un bûcher dans lequel
Il pourrait accomplir pleinement l'office funéraire.
2865 Il ordonna immédiatement de hacher et de tailler
Les vieux chênes et que l'on déposât en un rang
Les bûches préparées pour brûler.
Ses officiers coururent d'un pied léger
Et chevauchèrent à son commandement.
2870 Après ceci, Thésée fit quérir
La bière et étala dessus
Un drap d'or, le plus riche qu'il avait.
Et, de la même étoffe, il habilla Arcite;
Aux mains il avait des gants blancs,
2875 Et sur la tête une couronne de lauriers verts,
A la main il portait une épée toute brillante et tranchante.
Et il le déposa, le visage nu, dans la bière;
Ensuite il pleura, et c'était pitié de l'entendre.
Et, pour que tout le monde puisse le voir,
2880 Quand il fit jour, il le conduisit dans la grande salle
Qui retentit de pleurs et de bruit.

Alors arriva Palamon, ce pauvre Thébain,
La barbe désordonnée et rugueuse, les cheveux couverts de
cendres ;
En vêtements noirs, tout baigné de larmes ;
2885 Et Émilie, dépassant tout le monde par ses pleurs,
Était la plus triste de toute la compagnie.
Souhaitant que le service funèbre soit
Le plus riche et le plus noble, suivant le rang du mort,
Le duc Thésée fit amener trois destriers
2890 Qui étaient caparaçonnés d'acier tout étincelant,
Et couverts des armes de sire Arcite.
Sur ces destriers, qui étaient grands et blancs,
Étaient assis des gens dont l'un portait le bouclier,
Un autre tenait la lance droite dans sa main,
2895 Un troisième portait son arc de Turquie
(Les carquois et le harnais étaient d'or bruni) ;
Et ils chevauchèrent au pas, le visage triste,
Vers le bosquet, comme vous allez l'entendre.
Les plus nobles des Grecs présents
2900 Portaient la bière sur leurs épaules ;
Au pas ralenti, les yeux rouges et humides,
Traversant la cité par la rue principale,
Dont [la chaussée] était couverte d'un drap noir et étonnamment
haut,
[Les côtés de] la rue étaient drapés de la même étoffe.
2905 Du côté droit marchait le vieil Égée
Et de l'autre côté, le duc Thésée ;
Avec, dans leurs mains, des vases d'or très fin
Remplis de miel, de lait, de sang et de vin ;
Palamon était là aussi en grande compagnie ;
2910 Après eux venait la triste Émilie ;
Le feu en mains, comme le voulait alors la coutume,
Qui servirait à l'office funèbre.

Grande pompe et grand apparat
Il y eut au service et à l'élévation du bûcher,
2915 Qui touchait le ciel de sa tête verte ;
Les bras avaient vingt toises de large :
Je veux dire que les branches avaient cette largeur.
On apporta alors plusieurs chargements de paille.

Mais, comment le bûcher fut fait si haut,
2920 Ni les noms que les arbres portaient,
Comme chêne, sapin, bouleau, tremble, aulne, yeuse, peuplier,
Saule, orme, platane, frêne, buis, chataîgnier, tilleul, laurier,
Érable, aubépine, hêtre, noisetier, if, cornouiller,
- Comment ils furent abattus, cela ne sera pas dit par moi;
2925 Ni comment les dieux furent bouleversés
Dépossédés de leur habitation
Dans laquelle ils vivaient dans le calme et la paix,
Les nymphes, les faunes et les hamadryades;
Ni comment les bêtes et tous les oiseaux
2930 S'enfuirent de peur, quand le bois fut abattu;
Ni quel fut l'étonnement du sol à la vue de la lumière,
Lui qui ne voyait jamais le soleil brillant;
Ni comment le bûcher fut d'abord couvert de paille,
Et ensuite de branches sèches coupées en trois,
2935 Puis de bois vert et d'épices;
Ensuite d'un drap d'or et de pierreries,
Et de guirlandes où pendaient de nombreuses fleurs;
Le myrrhe, l'encens et sa forte odeur;
Ni comment Arcite était couché parmi tout cela,
2940 Ni quelle richesse était déployée autour de son corps;
Ni comment Émilie, suivant la coutume,
Alluma le feu du service funèbre;
Ni comment elle s'évanouit quand on fit le feu,
Ni ce qu'elle dit, ni quel fut son désir;
2945 Ni les joyaux que l'on jeta dans le feu,
Quand le feu fut grand et brûla bien;
Ni comment certains jetèrent leur bouclier, d'autres leur lance,
Et de leurs vêtements, lesquels ils portaient;
Des coupes remplies de vin, de lait et de sang
2950 Furent jetées dans le bûcher, qui brûlait comme s'il était enragé;
Ni comment les Grecs, en grand cortège,
Chevauchèrent trois fois tout autour du bûcher,
Dans le sens gauche, en poussant de grands cris,
Et faisant claquer trois fois leurs lances;
2955 Et comment les dames crièrent par trois fois;
Ni comment on ramena Émilie chez elle;
Ni comment Arcite fut réduit en cendres froides;

Ni comment le corps fut veillé
Toute cette nuit; ni comment les Grecs jouèrent
2960 A des jeux de veillée : tout cela ne m'intéresse pas à raconter;
Pas plus que qui luttait le mieux le corps nu oint d'huile,
Ni qui se comportait le mieux, sans difficultés.
Je ne vous dirai pas non plus qu'ils rentrèrent
A Athènes quand le jeu fut fini;
2965 Mais je vais en arriver brièvement à mon sujet
Et mettre un terme à mon long conte.

Avec l'écoulement et la longueur de certaines années,
Le deuil et les larmes des Grecs s'éteignirent
Avec l'assentiment général.
2970 Alors, je crois qu'il y eut un parlement
A Athènes pour étudier certains points et certains cas;
Parmi ces points on parla
De faire alliance avec certaines contrées
Et d'obtenir l'obéissance absolue des Thébains.
2975 C'est pourquoi le noble Thésée fit immédiatement
Mander l'honorable Palamon,
Sans que celui-ci en connût la cause et le pourquoi;
Mais, dans ces habits noirs, tristement,
Il vint tout de suite à son commandement.
2980 Alors Thésée manda Émilie.
Quand ils furent assis et que l'assemblée fut silencieuse,
Thésée attendit un moment
Avant qu'aucun mot ne sortît de sa sage poitrine
[Et] il fixa les yeux comme à son habitude.
2985 Le visage triste il soupira tranquillement,
Et tout de suite après il dit sa volonté :

"Le premier Moteur de la cause là-haut
Quand il créa pour la première fois la belle chaîne d'amour,
Son but était grand et son intention élevée.
2990 Il savait pourquoi [il le faisait] et ce qu'il en espérait;
Car avec la belle chaîne d'amour il liait
Le feu, l'air, l'eau et la terre
Dans des liens dont ils ne pouvaient s'échapper.

Ce même prince et Moteur", dit-il,
2995 "A établi dans ce malheureux monde d'en dessous
Un certain nombre de jours et une certaine durée
A tous ceux qui y sont engendrés,
Et ils ne peuvent dépasser ce nombre de jours,
Bien qu'ils puissent l'abréger.
3000 On n'a besoin d'aucune autorité pour soutenir ceci :
Car cela a été prouvé par l'expérience,
Mais je désire exprimer mon opinion.
On peut voir dans cet ordre
Que le Moteur est stable et éternel.
3005 Chacun peut savoir, sauf s'il est fou,
Que chaque partie dérive de son tout;
Car la nature n'a pas pris son origine
D'une partie ou d'une portion d'une chose,
Mais d'une chose qui est parfaite et stable,
3010 Qui descend jusqu'à ce qu'elle soit corruptible.
C'est pourquoi dans sa sage providence,
Il a si bien tout agencé
Que les espèces des choses et les progressions
Dureront par états successifs,
3015 Et, sans mentir, pas éternellement.
Tu peux très bien le comprendre et le voir d'un coup d'oeil.

Regarde le chêne qui a reçu tant de nourriture
Depuis l'époque où il sortit de terre,
Et qui a une vie très longue, comme tu peux le voir,
3020 Pourtant, à la fin, l'arbre est détruit.

Considère aussi comment la pierre dure
Sous nos pieds – sur laquelle nous marchons et allons –
Se dégrade là où elle gît, sur le chemin.
Parfois la large rivière est à sec;
3025 Les grandes villes déclinent et disparaissent
Vous pouvez voir que toute chose a une fin.

En regardant l'homme et la femme nous voyons aussi
Que, nécessairement, dans l'une des deux périodes,
C'est-à-dire dans leur jeunesse ou dans l'âge mûr,
3030 Ils doivent mourir, le roi comme le page;

L´un dans son lit, l´autre dans la mer profonde,
L´un dans un grand champ de bataille, comme on peut le voir;
Il n´y a rien à faire, tous suivent le même chemin.
C´est pourquoi je puis dire que toute chose doit mourir.

3035 Qui est la cause de ceci, sinon le roi Jupiter,
Qui est prince et cause de toutes choses,
Rassemblant tout vers son propre puits
D´où cela était issu, pour vous dire la vérité ?
Et il ne sert à aucune créature vivante,
3040 De quelque rang qu´elle soit, de lutter contre cette situation.

Il me semble donc que c´est sagesse
De faire une vertu de la nécessité
Et d´accepter ce que nous ne pouvons éviter,
Et surtout ce qui nous est dû à tous.
3045 Et celui qui grogne jamais ne fait folie,
Et est rebelle contre celui qui peut tout diriger.
Il est certain qu´un homme a le plus grand honneur
A mourir dans son excellence et dans sa fleur,
Quand il est certain de son renom.
3050 Alors il ne fait honte ni à son ami, ni à lui-même.
Et son ami devrait être plus heureux de sa mort
Quand son souffle s´est éteint dans l´honneur,
Que quand son nom est pâli par l´âge
Car toutes ses prouesses sont oubliées.
3055 C´est pourquoi il est mieux pour une gloire notable
De mourir quand on est au meilleur de sa réputation.

Le contraire de ceci est l´obstination.
Pourquoi protestons-nous, pourquoi sommes-nous abattus,
Alors que le bon Arcite, la fleur de la chevalerie,
3060 A quitté dûment et honorablement
Cette vile prison qu´est la vie ?
Pourquoi son cousin et sa femme
Pleurent-ils sur son bonheur, alors qu´ils l´aiment tant ?
Peut-il les remercier ? Non, Dieu le sait, pas du tout;
3065 Ils offensent à la fois son âme et eux-mêmes,
Et pourtant ils ne peuvent corriger leur désir.

Que puis-je conclure de cette longue série,
Sinon qu´après le chagrin je vous conseille d´être joyeux,
Et de remercier Jupiter de toute sa grâce ?
3070 Et avant que nous ne quittions cet endroit
Je suggère que nous fassions de deux chagrins
Une joie parfaite et éternelle.
Voyons maintenant où est le plus grand chagrin,
C´est par là que nous commencerons à réparer.

3075 "Soeur", dit-il, "c´est mon avis
Et celui de tout mon parlement ici [présent]
Que ce noble Palamon, ton propre chevalier,
Qui te sert avec sa volonté, son coeur et sa puissance,
Et l´a toujours fait depuis la première fois que tu l´as rencontré
3080 Tu en prendras pitié dans ta grâce,
Et feras de lui ton époux et ton seigneur.
Donne-moi ta main, car c´est notre décision.
Montre maintenant ta pitié féminine.
Il est fils de frère de roi, pardi;
3085 Mais, même s´il était un pauvre bachelier,
Puisqu´il t´a servie durant tant d´années
Et qu´il connut si grande adversité pour toi,
Tout ceci mérite d´être pris en considération, crois-moi;
Car la noble pitié devrait dépasser le droit."
3090 Il dit alors au chevalier Palamon :
"Je crois qu´il n´est pas nécessaire de faire de longs sermons
Pour te faire consentir à la chose.

Viens ici et prends ta dame par la main."
Entre eux fut immédiatement conclu le lien
3095 Qui s´appelait matrimonie ou mariage,
Par tout le conseil et le baronage.
C´est ainsi que, dans la joie et la mélodie,
Palamon a épousé Émilie.
Et Dieu, qui a créé tout ce vaste monde,
3100 Lui envoya son amour, qu´il avait payé si cher;
Maintenant, Palamon est au mieux,
Vivant dans le bonheur, la richesse et la santé;
Et Émilie l´aime si tendrement

Et il la sert si noblement
3105 Qu´il n´y eut jamais entre eux
Aucun mot de jalousie ni aucune difficulté.
"Ainsi [finit l´histoire de] Palamon et Émilie;
Que Dieu protège toute cette belle compagnie ! Amen.

Ici finit le conte du Chevalier.

LE PROLOGUE DU MEUNIER

Voici les paroles qu'échangèrent l'Hôte et le Meunier

Quand le Chevalier eut ainsi raconté son conte,
3110 Dans toute la compagnie, il n'y eut jeune ni vieux
Qui ne dît que c'était là une noble histoire,
Et qu'elle méritait que l'on s'en souvînt;
Et surtout les gens de bien.
Notre Hôte rit et jura, "Voilà comment cela doit aller,
3115 La chose va bon train; la malle est ouverte.
Voyons qui va nous conter une autre histoire,
Car, vraiment, le jeu est bien parti.
Dites [-nous], Monsieur le Moine, si vous connaissez
Une histoire qui puisse rivaliser avec celle du Chevalier."
3120 Le Meunier, qui était si pâle d'avoir bu,
Qu'il tenait à peine sur son cheval,
Lui qui ne voulait ôter ni chaperon ni chapeau,
Ni attendre personne par courtoisie,
Se mit à crier avec la voix de Pilate,
3125 Et à jurer : "Par le bras, le sang et les os [du Christ],
Je connais un noble conte, pour cette occasion,
Avec lequel je puis égaler le conte du Chevalier."
Notre Hôte vit qu'il était ivre de bière
Et dit : "Attends, Robin, mon cher frère;
3130 Laisse un homme meilleur en raconter d'abord un autre.
Attends, laisse-nous procéder rationnellement."

"Par l'âme de Dieu", dit-il, "il ne me plaît pas;
Car je veux parler, ou alors passer mon chemin."
Notre Hôte répondit, "Alors, raconte, par le diable !
3135 Tu es un fou; tu as perdu tes esprits."

"Écoutez tous !", dit le Meunier,
"D'abord je déclare publiquement
Que je suis ivre, je le sais par mon débit;
C'est pourquoi, si je raconte mal ou si je déparle,

3140   Attribuez-le à la bière de Southwark, je vous prie.
        Je vais vous raconter la légende et la vie
        D´un charpentier et de sa femme,
        Et comment un clerc s´est moqué du charpentier."

        L´Intendant répondit et dit, "Ferme-la !
3145   Arrête tes obscénités d´ivrogne ignare.
        C´est un péché et une grande folie
        D´injurier et de diffamer un homme,
        De même que d´introduire des femmes dans une telle affaire.
        Il y a assez d´autres choses dont tu pourrais parler."

3150   Le Meunier ivre répondit tout de suite
        Et dit, "Cher frère Oswald,
        Celui qui n´a pas de femme n´est pas un cocu.
        Mais je ne veux pas dire que tu en es un;
        Il y a plus d´une excellente épouse,
3155   Et toujours mille bonnes pour une mauvaise.
        Tu le sais bien, à moins que tu ne sois sot.
        Pourquoi te fâches-tu de mon conte ?
        Pardi, j´ai une femme tout comme toi;
        Cependant, je ne voudrais pas, par les boeufs attachés à ma
                                                    charrue,
3160   Me tracasser plus qu´il ne faut,
        Et penser que je le suis [cocu].
        Je veux bien croire que je ne le suis pas.
        Un mari ne doit pas être trop curieux
        Des secrets de Dieu ni de ceux de sa femme.
3165   Tant qu´il trouve Dieu en suffisance,
        Du reste il n´a pas besoin de s´enquérir."

        Que dirais-je de plus, sinon que ce Meunier
        N´aurait pas mâché ses mots devant quiconque,
        Mais qu´il raconta son histoire de rustre à sa manière ?
3170   Je regrette de devoir la rapporter ici.
        C´est pourquoi je prie toute personne de bien,
        Pour l´amour de Dieu, de ne pas croire que je parle
        De mauvaise part, mais bien parce que je dois rapporter
        Tous leurs contes, qu´ils soient bons ou mauvais,

3175 Ou alors je fausserais une partie de ma matière.
      Au reste, si quelqu'un ne veut pas l'entendre,
      Qu'il tourne la page et choisisse un autre conte;
      Car il trouvera en suffisance de petites et de grandes
      Histoires qui traitent de choses nobles,
3180 De moralité et de sainteté.
      Ne me blâmez pas si vous choisissez mal.
      Le Meunier est un rustre, vous le savez bien;
      L'Intendant l'était aussi, et beaucoup d'autres,
      Et tous deux racontèrent des choses obscènes.
3185 Réfléchissez et mettez-moi hors de question;
      De plus on ne doit pas prendre un jeu au sérieux.

LE CONTE DU MEUNIER

Ici commence le conte du Meunier

> Autrefois, vivait à Oxford
> Un riche bonhomme, qui prenait des pensionnaires,
> Et qui était charpentier de son métier.
> 3190 Chez lui vivait un pauvre étudiant
> Qui avait appris les arts libéraux, mais dont tout le plaisir
> Était d'étudier l'astrologie,
> Et qui pouvait arriver à un certain nombre de conclusions
> En interrogeant les astres,
> 3195 Si on lui demandait à certaines heures
> Quand on aurait la sécheresse ou des averses
> Ou si on lui demandait ce qui arriverait
> De chaque chose; je ne puis les rapporter toutes.

> Ce clerc s'appelait Nicolas le courtois.
> 3200 Il s'y connaissait en amours secrètes et en plaisirs;
> Et, de plus, il était timide et très réservé,
> Et aussi doux à voir qu'une jeune fille.
> Il avait une chambre dans cette hôtellerie,
> Très joliment garnie de douces herbes.
> 3205 Il y vivait seul, sans aucune compagnie;
> Et lui-même était aussi doux que la racine
> De la réglisse et du citoual.
> Son Almageste, ses livres grands et petits,
> Son astrolabe, appartenant à son art,
> 3210 Ses pierres d'algorisme, bien séparées,
> Étaient rangés sur des étagères au chevet de son lit;
> Son armoire était couverte de lourd drap rouge;
> Tout au-dessus était un gai psaltérion
> Sur lequel la nuit il jouait une mélodie
> 3215 Si douce que toute la chambre en résonnait;
> Il chantait *Angelus ad Virginem*

Et ensuite la Chanson du Roi.
Sa voix gaie était souvent bénie.
Et c´est ainsi que ce doux clerc passait son temps,
3220   Vivant de l´argent de ses amis et de sa rente.

Le charpentier venait tout juste d´épouser
Une jeune femme qu´il aimait plus que sa propre vie;
Elle avait dix-huit ans d´âge.
Il était jaloux et la tenait bien en cage,
3225   Car elle était vive et jeune, et lui était vieux,
Et il se voyait déjà cocu.
Il ne connaissait pas Caton - car son esprit était grossier -,
Suivant lequel un homme devrait épouser qui lui ressemble.
Les hommes devraient se marier d´après leur état,
3230   Car la jeunesse et l´âge sont souvent en lutte.
Mais, puisqu´il était tombé dans le piège,
Il devait, comme d´autres, supporter son souci.

La jeune épouse était jolie, et, de plus,
Son corps était racé et petit comme celui d´une belette.
3235   Elle portait une ceinture rayée de soie,
Ainsi qu´un tablier, aussi blanc que le lait du matin,
Sur les reins, et tout à godets.
Sa chemise était blanche et toute brodée devant
Et aussi derrière, et tout autour du col,
3240   Avec de la soie noire, dedans comme dehors.
Les cordons de son fichu blanc
Étaient de la même matière que son col;
Sa résille était large et en soie, et bien haut placée.
A coup sûr, elle avait l´oeil provocant;
3245   Ses sourcils étaient finement épilés,
Et ils étaient arqués et noirs comme des prunelles.
Elle était encore plus agréable à voir
Que le nouveau poirier à poires jeunettes,
Et plus douce que la laine d´un bélier.
3250   A sa ceinture pendait une bourse de cuir
Avec des glands de soie et des perles de laiton.
Vous auriez beau chercher partout dans le monde
Vous ne pourriez trouver un homme suffisamment sage

Qui puisse imaginer une petite chérie aussi gaie ou une telle luronne.
3255 L'éclat de son teint était plus brillant
Que celui d'un noble récemment frappé dans la Tour.
Quant à son chant, il était généreux et vif
Comme celui d'une hirondelle perchée sur une grange.
En outre, elle savait gambader et jouer
3260 Comme un chevreau ou un veau suivant sa mère.
Sa bouche était douce comme du bragote ou de l'hydromel
Ou comme un amas de pommes étalées dans le foin ou dans
                                                        la bruyère.
Elle était folâtre comme un jeune poulain,
Longue comme un mât et droite comme une flèche.
3265 Elle portait une broche sur le bas de son col,
Aussi large que la bosse d'un bouclier.
Ses chaussures étaient haut lacées sur ses jambes.
C'était une primevère, un joli morceau
Que tout seigneur pourrait prendre dans son lit
3270 Ou que tout yeoman pourrait épouser.

    Maintenant, messires, et vous messire, il advint
    Qu'un jour le courtois Nicolas
    Commença à s'amuser et à flirter avec cette jeune femme
    Pendant que son mari était à Osney,
3275 Puisque les clercs sont très subtils et très instruits;
    Et, intimement, il la prit par le conin
    Et dit :"A coup sûr, à moins que je n'aie ce que je veux,
    De mon secret amour pour toi, chérie, je mourrai."
    Il la tint fortement par les hanches
3280 Et dit, "Chérie, aime-moi tout de suite
    Ou je mourrai, Dieu me garde ! "
    Elle sauta comme un poulain dans son entrave
    Et détourna vite la tête
    Et dit : "Je ne veux pas t'embrasser, par ma foi !
3285 Laisse-moi", dit-elle, "laisse-moi, Nicolas,
    Ou je crierai 'au secours' et 'hélas !';
    Retirez vos mains, par courtoisie ! "

    Alors Nicolas commença à lui réclamer sa pitié,
    Et parla si bien, et s'offrit de manière si insistante,
3290 Qu'elle finit par lui accorder son amour,

Et fit serment, par saint Thomas du Kent,
Qu´elle se tiendrait à son commandement
Quand elle en verrait l´occasion.
"Mon mari est si rempli de jalousie
3295 Que, à moins que vous n´attendiez et ne soyez discret,
C´est comme si j´étais déjà morte", dit-elle.
"Vous devez être très prudent dans cette affaire.
"Non, ne te tracasse pas pour cela," dit Nicolas.
"Un clerc aurait mal employé son temps
3300 S´il n´était capable d´abuser un charpentier."
Ils se mirent donc d´accord et se jurèrent
D´attendre un peu, comme je viens de vous le dire.

Quand Nicolas eut ainsi tout conclu
Et qu´il lui eut bien caressé les cuisses,
3305 Il l´embrassa tendrement et prit son psaltérion,
Et joua avec insistance et fit mélodie.

Il advint qu´un jour, à l´église paroissiale,
Pour accomplir les devoirs que le Christ commande,
Cette bonne épouse s´en alla par un jour saint.
3310 Son front brillait aussi clair que le jour,
Tant elle l´avait lavé après avoir laissé son travail.
Or, il y avait un clerc paroissial de cette église,
Que l´on appelait Absalon.
Ses cheveux étaient bouclés et brillaient comme de l´or,
3315 Et se présentaient comme un grand et large éventail;
Bien droite et bien égale était sa splendide raie.
Ses joues étaient rouges et ses yeux gris comme une oie.
La rose de Saint-Paul était taillée dans ses chaussures,
Et il allait élégamment dans ses bas rouges.
3320 Il était vêtu très gracieusement et convenablement
D´une tunique en étoffe bleu pâle,
Maintenue par de beaux lacets bien larges.
Là-dessus il avait mis un gai surplis
Aussi blanc que la fleur sur la branche.
3325 C´était un joyeux enfant, Dieu me garde.
Il savait bien faire les saignées, tondre et raser,
Et établir une charte pour une terre et une quittance.

Il savait cabrioler et danser de vingt manières,
D'après l'école d'Oxford d'alors,
3330 Jeter ses jambes en tous sens
Et jouer des chansons sur un petit rebec;
De plus, il chantait parfois d'un fausset sonore;
Il jouait aussi très bien de la guitare.
Il n'était brasserie ni taverne dans la ville
3335 Qu'il ne visitât pour son plaisir
Pour autant qu'il y eût quelque gaillarde serveuse.
Mais à vrai dire il était un peu délicat
Pour ce qui concerne les pets, et raffiné dans son langage.

Absalon, qui était beau et gai,
3340 Était là avec son encensoir, ce jour saint,
Encensant fortement les femmes de la paroisse;
Et il jetait sur elles plus d'un regard amoureux,
Et surtout sur la femme du charpentier.
La regarder lui semblait être la vie heureuse,
3345 Elle était si nette, douce et séduisante.
J'ose vous dire que si elle avait été une souris
Et lui un chat, il l'aurait attrapée tout de suite.
Le clerc paroissial, ce bel Absalon,
Avait un tel besoin d'amour dans son coeur
3350 Qu'il refusait toute offrande des épouses;
Il disait qu'il n'en voulait pas par courtoisie.
Quand il fit nuit, la lune brilla très fort,
Et Absalon avait pris sa guitare
Car il comptait veiller à cause de ses amours.
3355 Et il marcha, beau et amoureux,
Jusqu'à ce qu'il arrivât à la maison du charpentier,
Un peu après le chant des coqs,
Il se percha près d'une fenêtre à charnière
Située dans le mur du charpentier.
3360 Il chanta de sa douce petite voix,
"Maintenant, chère dame, si tu le veux,
Je te prie d'avoir merci de moi",
En parfaite harmonie avec sa guitare.
Le charpentier s'éveilla et l'entendit chanter.
3365 Il parla à sa femme et dit :

"Quoi ? Alison ! N´entends-tu pas Absalon
Qui chante sous le mur de notre chambre ? "
Elle répondit immédiatement à son mari :
"Oui, par Dieu, Jean, je l´entends très bien."

3370   Cela continua; que peut-on souhaiter de plus ?
Jour après jour, le bel Absalon
Soupire tellement qu´il devient soupirant.
Il veille nuit et jour;
Il peigne ses larges boucles et essaie de paraître gai;
3375   Il la courtise par des intermédiaires et des messagers
Et jure qu´il sera son page personnel;
Il chante, faisant des trémolos comme un rossignol;
Il lui envoie du vin aromatisé, de l´hydromel et de la bière épicée,
Et des gaufrettes toutes chaudes, sortant du feu;
3380   Et, comme elle était de la ville, il lui faisait des cadeaux.
Certaines personnes sont gagnées par des richesses,
D´autres par les coups, d´autres encore par la courtoisie.

Parfois, pour montrer sa légèreté et son talent,
Il joue le rôle d´Hérode sur une haute scène.
3385   Mais à quoi cela peut-il bien servir en l´occurrence ?
Elle aime tellement le courtois Nicolas
Qu´Absalon peut souffler dans une corne de daim;
Il ne récoltait que mépris pour sa peine.
Elle fait donc tourner Absalon en bourrique,
3390   En ridiculisant toutes ses intentions sérieuses.
Le proverbe suivant est bien vrai, il n´est pas mensonger,
Qui dit bien : "Le rusé qui est près
Détourne l´attention de celui qui est loin."
Car, malgré la rage et la colère d´Absalon,
3395   Qui regrettait d´être loin de sa vue,
Nicolas, qui était tout près, lui volait la lumière.

Profites-en, toi le courtois Nicolas,
Car Absalon peut pleurer et chanter "hélas ! ".
Il advint qu´un samedi,
3400   Le charpentier partit pour Osney;
Nicolas le courtois et Alison
S´étaient mis d´accord

Pour que Nicolas préparât un mauvais tour
Pour tromper ce mari jaloux et simplet;
3405 Et, si le jeu tournait bien,
Elle dormirait dans ses bras toute la nuit,
Car c'était leur désir à tous deux.
Et, tout de suite, sans autres mots,
Nicolas ne pouvait plus attendre davantage,
3410 Il alla doucement porter dans sa chambre
A boire et à manger pour un jour ou deux,
Et il lui demanda de dire à son mari,
S'il demandait après Nicolas,
Qu'elle ne savait où il était,
3415 Qu'elle ne l'avait aperçu de toute la journée;
Qu'elle croyait bien qu'il était malade,
Car la servante avait beau l'appeler,
Il ne voulait pas répondre, quoi qu'il arrivât.
Cela dura tout le samedi :
3420 Nicolas était tranquillement couché dans sa chambre,
Mangeait, dormait, et faisait ce qu'il lui plaisait,
Jusqu'au coucher du soleil du dimanche.
Ce sot charpentier était fort tracassé
Au sujet de Nicolas et de ce qu'il pouvait bien avoir
3425 Et dit : "J'ai bien peur, par saint Thomas,
Que Nicolas ne soit pas bien.
Que Dieu le préserve de mourir subitement !
Ce monde est maintenant bien instable, à coup sûr.
J'ai vu ce matin conduire à l'église le corps
3430 De quelqu'un que j'avais vu travailler lundi dernier.
Lève-toi", dit-il à son valet,
"Appelle à sa porte, ou frappe avec une pierre.
Regarde ce qu'il se passe et dis-le moi franchement."

Le valet monta énergiquement à l'étage
3435 Et, debout devant la porte de la chambre
Il cria et frappa comme un fou,
"Eh bien, que faites-vous, maître Nicolet ?
Comment pouvez-vous dormir toute la journée ?"

Mais en vain, il n'entendit pas un mot.

3440   Il trouva un trou dans le bas d'une planche,
Par où le chat avait l'habitude de passer,
Il regarda intensément par le trou
Et finalement il l'aperçut.
Nicolas était assis, regardant fixement vers le haut
3445   Comme s'il avait observé la nouvelle lune.
[Le valet] descendit tout droit et raconta immédiatement à
                                           son maître
En quel arroi il avait vu notre homme.

Le charpentier commença à se signer
En disant : "Aidez-nous, sainte Frideswide !
3450   Un homme sait bien peu ce qui l'attend.
Cet homme est tombé, avec toute son astronomie,
Dans quelque folie ou dans quelque agonie.
J'ai toujours bien pensé que cela arriverait !
Les hommes ne devraient pas essayer de connaître les secrets
                                        de Dieu.
3455   Oui, béni soit l'ignorant
Qui ne connaît que son credo !
Il arriva ceci à un autre clerc avec son astronomie;
Il marchait dans les champs pour observer
Les étoiles et découvrir ce qui allait arriver,
3460   Jusqu'à ce qu'il tombât dans une argilière;
Cela, il ne l'avait pas vu. Pourtant, par saint Thomas,
Je suis amèrement tracassé par le courtois Nicolas.
Je lui reprocherai de tant étudier,
Si je le puis, par Jésus, roi du ciel !
3465   Donne-moi un bâton, que je puisse forcer la porte,
Pendant que toi, Robin, tu la soulèveras.
"Il sortira de ses études, j'imagine".
Et il se dirigea vers la porte de la chambre.
Son valet était en l'occurrence un bien fort gaillard,
3470   Et en peu de temps il la souleva de ses gonds;
La porte tomba sur le sol immédiatement.
Nicolas était toujours assis, impassible comme une pierre
Et continuait toujours à regarder en l'air.
Le charpentier pensa que son cas était désespéré,
3475   Et il le saisit violemment par les épaules

Le secoua puissamment, et cria fort,
"Quoi, Nicolet, quoi, comment ! Quoi, regarde vers le bas !
Éveille-toi et pense à la passion du Christ !
Je vais te signer pour te libérer des elfes et des esprits."
3480 En même temps il récita l´incantation nocturne
Aux quatre coins de la maison,
Et sur le seuil de la porte dehors :
"Jésus–Christ et saint Benoît,
Protégez cette maison de tous les mauvais esprits,
3485 Les esprits de la nuit, la Patenôtre Blanche !
Où es-tu allée, soeur de saint Pierre ? "

      Finalement, Nicolas le courtois
Se mit à soupirer profondément et dit, "Hélas !
Le monde va-t-il à nouveau être détruit ? "

3490   Le charpentier répondit, "Que dis-tu ?
Quoi ! Pense à Dieu comme nous le faisons, nous qui travaillons".

      Nicolas répondit, "Va me chercher à boire,
Ensuite je te parlerai en secret
D´une chose qui me concerne et qui te concerne.
3495 Je ne le dirai à aucun autre homme, assurément."

      Le charpentier descendit et remonta
Et apporta un bon quart de forte bière,
Et, quand chacun d´eux eut bu sa part
Nicolas verrouilla la porte,
3500 Et fit asseoir le charpentier près de lui.

      Il lui dit "Jean, mon très cher hôte,
Tu vas me jurer ici, par ta foi,
Que tu ne dévoileras ce secret à personne;
Car c´est le conseil du Christ que je te donne;
3505 Si tu le dis à quelqu´un, tu es perdu;
Et la vengeance sera
Que, si tu me trahis, tu deviendras fou."
"Non, que Dieu m´en garde, par son saint sang ! ",
Dit alors ce simple d´esprit, "je n´ai pas la langue longue;
3510 Non, j´ose le dire, moi-même, je ne suis pas cancanier.

Dis ce que tu veux, je ne le raconterai jamais,
A enfant ni femme, par celui qui a ravagé l'enfer ! "

"Voilà, Jean", dit Nicolas, "je ne mentirai pas;
J'ai découvert, par mon astrologie,
3515   Alors que je regardais la lune brillante,
Que, lundi prochain, au quart de la nuit,
Il tomberait une pluie si sauvage et si terrible
Que le déluge de Noé n'en valait pas la moitié.
"Ce monde", dit-il, "en moins d'une heure
3520   Sera tout submergé, tant la pluie sera terrible.
Ainsi l'humanité sera noyée et perdra la vie."

Le charpentier répondit, "Hélas ! mon épouse !
Sera-t-elle donc noyée ? Hélas ! Mon Alison !
De chagrin à cette pensée, il tomba presque par terre
3525   Et dit : "N' y a-t-il aucun remède à cette situation ? "

"Eh bien si, par Dieu", répondit le courtois Nicolas,
"Si tu veux agir suivant la sagesse et les conseils.
Tu ne dois pas en faire à ta tête;
Car, Salomon, qui avait bien raison, a dit :
3530   Agis toujours en suivant les conseils, et tu ne le regretteras pas.
Si tu veux agir en suivant un bon conseil,
Je te le garantis, sans mât ni voile,
Je la sauverai, ainsi que toi et moi.
N'as-tu pas entendu raconter comment fut sauvé Noé
3535   Après que notre Seigneur eût prévenu
Que le monde entier serait détruit par l'eau ? "

"Oui ", dit le charpentier, "il y a très longtemps."

"N'as-tu pas également entendu parler", dit Nicolas,
"De la peine qu'eurent Noé et ses compagnons
3540   Pour réussir à mettre sa femme à bord ?
Il aurait préféré, j'ose le prétendre,
En cet instant, qu'au lieu de tous ses noirs béliers,
Elle eût un bateau pour elle seule.
Cela étant, connais-tu la meilleure solution ?
3545   Cela réclame de la rapidité et, en cas urgent,

On ne doit pas prêcher ou faire perdre du temps.
Va vite nous chercher dans cette auberge
Un pétrin ou un saloir
Pour chacun de nous, mais veille à ce qu´ils soient larges
3550   Pour que nous puissions y flotter comme dans une barge,
Mets-y suffisamment de victuailles
Pour un seul jour, ne t´occupe pas du reste !
L´eau descendra et partira
Vers prime le jour suivant.
3555   Mais, ton valet Robin ne peut savoir ceci;
Je ne puis sauver non plus ta servante Jill;
Ne me demande pas pourquoi, car, même si tu me le demandais,
Je ne te raconterais pas les secrets de Dieu.
Qu´il te suffise, à moins que tu ne sois fou,
3560   D´avoir la même grande grâce que Noé.
Je sauverai bel et bien ta femme, assurément.
Vas-y maintenant et dépêche-toi.

Mais, quand tu auras pour elle, et toi, et moi,
Rassemblé ces trois pétrins,
3565   Alors, tu les pendras bien haut sous le toit,
Pour que personne ne puisse découvrir nos préparatifs.
Quand tu auras fait comme je te l´ai dit
Et que tu auras bien disposé les victuailles dedans,
De même qu´une hache, pour trancher la corde en deux,
3570   Pour que nous puissions partir quand l´eau arrivera,
Perce également un trou bien haut sur le pignon
Qui donne sur le jardin, au-dessus de l´étable,
Pour que nous puissions passer librement,
Quand la grande pluie sera terminée,
3575   Je garantis qu´alors tu flotteras aussi joyeusement
Qu´une cane blanche qui suit son mâle.
Alors je crierai :"Alors, Alison ? alors, Jean ?
Réjouissez-vous, car le déluge va bientôt cesser."
Et vous direz "Salut, Maître Nicolet !
3580   Bonjour, je te vois clairement, car il fait jour."
Et alors, nous serons toute notre vie les seigneurs
Du monde entier, comme Noé et sa femme.

Mais, je te préviens très précisément d´une chose :
Assure-toi que durant cette nuit
3585   Où nous pénétrerons à bord de nos bateaux,
Aucun d´entre nous ne dise un mot,
N´appelle ni ne crie, mais soit en prières;
Car c´est le cher commandement de Dieu lui-même.

Ta femme et toi devrez vous suspendre loin l´un de l´autre;
3590   Car il ne doit y avoir aucun péché entre vous,
Pas plus dans le regard que dans les actes;
Les directives sont terminées; va, Dieu te hâte !
Demain soir, quand tout le monde sera endormi,
Nous nous glisserons dans nos pétrins
3595   Et nous nous y assiérons en attendant la grâce de Dieu.
Va ton chemin maintenant, je n´ai plus le temps
De te sermonner davantage sur ce sujet.
On dit : 'donne le moyen et ne dis rien' :
Tu es si sage qu´il n´est pas nécessaire de t´instruire.
3600   Va, protège notre vie, c´est ce que je te demande.”

Ce stupide charpentier alla son chemin.
Il répéta plusieurs fois “Hélas !” et “Quel malheur ! ”,
Et il raconta son secret à sa femme,
Et elle était au courant et savait mieux que lui
3605   Ce que cette ingénieuse invention signifiait.
Néanmoins elle fit mine de vouloir mourir
Et dit : “Hélas ! Va vite ton chemin,
Aide-nous à y échapper, ou nous mourrons tous !
Je suis ton épouse fidèle et légitime,
3610   Va, cher époux, et aide-nous à sauver notre vie.”

Voyez quelle grande chose est l´émotion !
Vous pouvez mourir par imagination
Tant une illusion peut s´emparer de vous.
Ce stupide charpentier commence à trembler;
3615   Il lui semble réellement qu´il voit
Le déluge de Noé qui s´avance comme la mer
Pour noyer Alison, sa petite chérie.
Il pleure, se lamente, et son visage est décomposé;
Il pousse plus d´un douloureux soupir;

3620 Et s´en va chercher un pétrin,
Puis un baquet et un saloir,
Et les envoya en secret à son auberge
Et les pendit au toit, à l´insu de tous.
De ses propres mains, il fit trois échelles
3625 Pour grimper par les échelons et les montants
Jusqu´aux baquets pendus dans la soupente,
Ensuite il approvisionna le pétrin et le baquet
De pain, de fromage et de bonne bière dans une cruche,
Juste ce qu´il fallait pour un jour.
3630 Mais, avant d´avoir fait tous ces préparatifs,
Il envoya son valet et sa servante
Faire des achats pour lui à Londres.
Et, le lundi, à la tombée de la nuit,
Il ferma sa porte et, sans s´éclairer d´une chandelle,
3635 Il prépara tout, comme cela devait être.
En bref, peu après ils montèrent tous les trois;
Ils se tinrent cois pendant quelques instants.

Maintenant, "*Pater noster*, silence ! "dit Nicolas,
Et "silence", dit Jean, et "silence", dit Alison.
3640 Le charpentier fit ses dévotions;
Et se tient coi et récite ses prières
En attendant et en écoutant si la pluis tombe.

Un sommeil de mort, dû à ses préparatifs fatigants,
S´abattit sur le charpentier, je présume,
3645 Aux environs du couvre-feu, ou un peu après;
Son esprit était tellement torturé qu´il grognait lamentablement,
De plus, il ronflait, car sa tête était mal mise.
Nicolet descendit au bas de l´échelle
Et Alison glissa doucement de la sienne;
3650 Sans un mot de plus ils allèrent au lit,
Là même où le charpentier dormait d´habitude.
Il y eut amusement et mélodie;
Alison et Nicolas couchèrent ainsi
A la recherche de rires et de plaisirs
3655 Jusqu´à ce que les cloches des laudes se missent à sonner
Et que les frères commençassent à chanter dans le choeur.

Le clerc paroissial, l´amoureux Absalon,
Toujours en grand mal d´amour,
Était allé à Osney le lundi
3660   Avec un groupe, pour se distraire et s´amuser
Et il y demanda au cloîtrier
Des nouvelles de Jean le charpentier;
Il l´emmena dans un coin hors de l´église
Et lui dit : "Je ne sais, je ne l´ai pas vu travailler ici
3665   Depuis samedi, je crois qu´il est parti chercher
Du bois d´oeuvre là où notre abbé l´a envoyé;
Car il lui arrive d´aller chercher du bois d´oeuvre
Et de rester à la grange un jour ou deux;
Ou alors il est chez lui, vraisemblablement.
3670   Mais je ne puis dire avec certitude où il est."

    Absalon se sentait gai et tout léger
Et pensa : "Voici venu le moment de veiller toute la nuit;
Car, assurément, je ne l´ai vu aller et venir
Près de sa porte depuis le lever du jour.

3675   Je dois donc réussir, et, au chant du coq,
Je frapperai discrètement à la fenêtre
Qui est située tout en dessous dans le mur de sa chambre.
A Alison je dirai alors
Tout mon penchant d´amour, et je ne manquerai pas
3680   A tout le moins de l´embrasser.
J´aurai un certain plaisir, par ma foi.
La bouche m´a démangé toute cette journée;
C´est au moins un signe de baiser.
De plus, j´ai rêvé toute la nuit que j´étais à un festin.
3685   Je vais donc aller me coucher une heure ou deux
Et ensuite, toute la nuit je veillerai et je jouerai."

    Dès que le premier coq eut chanté, tout de suite
Se leva le joli amoureux Absalon,
Et il se prépara gaîment et à la perfection.
3690   Mais d´abord il mâcha du cardamome et de la réglisse
Pour sentir bon, avant de peigner ses cheveux.
Sous la langue, il portait une herbe à Paris,
Car il espérait en retirer de la chance.

Il va vers la maison du charpentier
3695 Et se tient coi sous la fenêtre à charnières
- Elle lui atteignait la poitrine, tant elle était basse –
Et, doucement, il chuchota à mi-voix :
"Que faites-vous, mon petit chou, ma douce Alison ?
Mon bel oiseau, ma douce cannelle ?
3700 Éveillez-vous, ma chérie, et parlez-moi !
Peu vous chaut mon chagrin,
Moi que votre amour fait suer partout où je vais.
Il n'est pas étonnant cependant que j'aie des vapeurs et que je sue;
Je pleure comme un agneau après le téton.
3705 Vraiment, chérie, j'ai une telle envie d'amour
Que mes pleurs sont comme ceux d'une vraie tourterelle.
Je ne puis manger plus qu'une jeune fille."

"Va-t-en de ma fenêtre, tu fais le Jacques", dit-elle;
"Dieu me garde, il n'est pas question de venir m'embrasser.
3710 J'en aime un autre -autrement je serais blâmable–
Bien plus que toi, par Jésus, Absalon.
Va ton chemin ou je jetterai une pierre,
Et laisse-moi dormir, par tous les diables ! "

"Hélas ! ", dit Absalon, "Quel malheur
3715 Que l'amour vrai soit toujours aussi mal accueilli !
Embrasse-moi donc, puisque je ne puis avoir mieux,
Par amour pour Jésus, et par amour pour moi."

"Iras-tu alors ton chemin ? " demanda-t-elle
"Oui, certes, chérie", dit Absalon.
3720 "Alors, prépare-toi", dit-elle, "j'arrive à l'instant".
Et elle dit tout bas à Nicolas :
"Maintenant, silence, tu vas rire ton soûl."

Absalon se mit à genoux
Et dit : "Je suis seigneur à tous points de vue;
3725 Car, après ceci j'espère qu'il en viendra plus.
Ta grâce, chérie, et ta faveur, doux oiseau ! "

Elle ouvre la fenêtre en toute hâte.
"Vite", dit-elle, "dépêche-toi, presse-toi,

De peur que nos voisins ne t´épient."

3730   Absalon s´essuya bien la bouche.
La nuit était noire comme de la poix ou comme du charbon,
Et elle mit son cul à la fenêtre,
Et Absalon, ni plus ni moins,
Baisa de sa bouche son derrière nu
3735 Avec jouissance, avant de prendre conscience.
Il se rejeta en arrière et pensa que quelque chose n´allait pas,
Car il savait bien qu´une femme ne porte pas de barbe.
Il avait senti une chose rèche, avec de longs poils
Et il dit : "Fi, Hélas ! Qu´ai-je fait ? "

3740 "Hi, hi ! ", dit-elle, et elle ferma la fenêtre;
Et Absalon s´en alla d´un pas triste.
  "Une barbe ! Une barbe ! ", dit Nicolas le courtois,
"Par le corps de Dieu, elle est bien bonne."

   Le stupide Absalon entendit tout
3745 Et se mordit les lèvres de colère;
Et il dit : "Je te le revaudrai".

   Et qui se frotte et se nettoie les lèvres
Avec de la poussière, du sable, de la paille, avec un linge,
          avec des copeaux,
Sinon Absalon, qui n´arrête pas de dire : "hélas ! " ?
3750 "Je remets mon âme à Satan,
Et, plutôt que de posséder cette ville", dit-il,
"Je préférerais être vengé de cet affront.
Hélas ! ", dit-il, "hélas ! Que n´ai-je fait demi-tour ! "
Son chaud amour était froid et complètement éteint;
3755 Car, depuis qu´il avait embrassé son cul
Il n´aurait plus donné un sou pour une maîtresse;
Et il était guéri de sa maladie.
A plusieurs reprises il exprima son mépris pour les femmes
Et il pleura comme un enfant battu.
3760 A pas lents, il se rendit de l´autre côté de la rue
Chez un forgeron appelé Maître Gervais,
Qui, dans sa forge ouvrait des harnais de charrue;

Il aiguisait activement le soc et les coutres.
Absalon frappa tout doucement
3765   Et dit : "Ouvre, Gervais, et tout de suite".

"Quoi, qui es-tu ? ", "C'est moi Absalon."
"Quoi, Absalon ! Par le doux arbre du Christ
Pourquoi vous levez-vous si tôt ? Eh bien, *benedicite* !
De quoi souffrez-vous ? Dieu sait si quelque joyeuse fille
3770   Ne vous a pas mis dans cet état d'excitation.
Par Saint Néot, vous savez bien ce que je veux dire."

Mais Absalon se souciait bien peu
De cette plaisanterie; il ne répondit pas;
Il avait plus de fil à sa quenouille
3775   Que Gervais ne pensait et il dit : "Mon très cher ami,
Ce coutre chaud, qui est dans cette cheminée,
Prête-le moi, j'en ai besoin
Et je te le rapporterai très bientôt."

Gervais répondit, "Certainement, même si c'était de l'or
3780   Ou un sac de nobles que je n'aurais pas comptés,
Tu les aurais, aussi vrai que je suis un vrai forgeron.
Mais, par l'ennemi du Christ, que voulez-vous en faire ? "

"Laisse, tu verras", dit Absalon,
Je te le dirai demain".
3785   Il prit le coutre par la poignée, qui était froide,
Et se glissa tout doucement dehors
Et se rendit près du mur du charpentier.
D'abord il tousse, puis il frappe
A la fenêtre, tout comme il l'avait fait auparavant.

3790   Alison répondit : "Qui est là
A frapper ainsi ? Je parie que c'est un voleur."
"Oh non", dit-il, "Dieu sait, ma douce aimée,
Que je suis Absalon, ma chérie.
Je t'ai apporté une bague d'or,
3795   Ma mère me l'avait donnée, Dieu me garde;
Elle est très fine, et bien gravée.
Je te la donnerai, si tu m'embrasses."

Nicolas s'était levé pour pisser
Et il pensa qu'il pourrait améliorer la plaisanterie;
3800 [Absalon] embrasserait son cul avant de s'en aller.
Il leva donc rapidement la fenêtre
Et sortit discrètement son cul,
Au-delà des fesses, jusqu'aux hanches;
Alors, Absalon le clerc dit :
3805 "Parle, doux oiseau, je ne sais pas où tu es."

Nicolas lâcha tout de suite un pet
Aussi bruyant qu'un coup de tonnerre;
Absalon fut presque aveuglé du coup;
Et il était prêt, avec son fer chaud,
3810 Et il frappa Nicolas au milieu du cul.

La peau s'en alla sur la largeur d'une main,
Le coutre bouillant lui avait tellement brûlé le derrière
Que Nicolas pensa mourir de douleur.
Il se mit à crier comme s'il était fou,
3815 "A l'aide, de l'eau, de l'eau, à l'aide, par le coeur du Christ ! "

La charpentier sortit de sa torpeur
Et entendit quelqu'un crier "de l'eau" comme s'il était fou,
Et il pensa : "Hélas, voici le déluge de Noël ! "
Il s'assit sans un mot de plus,
3820 Et, avec sa hache, il coupa la corde en deux
Et tout tomba; il ne s'arrêta pas pour vendre
Pain ou bière : il se retrouva sur le recouvrement
Du sol, et il tomba évanoui.

Alison et Nicolas se levèrent
3825 Et crièrent "A l'aide, au secours" dans la rue.
Tous les voisins, petits et grands,
Accoururent pour venir voir cet homme
Qui était toujours évanoui; il était pâle et blême,
Car dans sa chute il s'était cassé un bras.
3830 Mais il dut accepter son mal
Car, quand il parla, le courtois Nicolas et Alison
Le firent immédiatement taire.
Ils dirent à tous qu'il était fou;

Son imagination lui avait fait tellement peur
3835 Du déluge de Noël, que dans sa folie,
Il s´était acheté trois pétrins
Et qu´il les avait pendus au-dessus, au toit;
Et qu´il les avait priés, pour l´amour de Dieu,
De s´asseoir sous le toit, *par compaignye*.

3840 Les gens se mirent à rire de son imagination
Et allèrent voir et regarder sous le toit,
Et tournèrent son mal en plaisanterie.
Le charpentier avait beau répondre,
Cela ne servait à rien, personne ne voulait de ses raisons.
3845 On le fit si bien taire avec de grands serments
Qu´il fut tenu pour fou dans toute la ville;
Car un clerc tient toujours avec un autre.
Ils dirent : "Cet homme est fou, mon cher frère";
Et tout le monde rit de l´aventure.
3850 C´est ainsi que la femme du charpentier fut prise,
Malgré le soin et la jalousie [que son mari en avait];
Et Absalon embrassa l´oeil du bas;
Et Nicolas se fit échauder le derrière.
Mon conte est fini, Dieu garde toute cette compagnie !

Ici finit le Conte du Meunier.

Le Prologue du conte du Prêtre des Nonnes

2767   "Assez, dit le Chevalier, "beau sire, cela suffit !
    Ce que vous avez dit est bien suffisant, croyez-moi,
    Et même beaucoup trop; car un peu de tristesse
2770   Suffit à bon nombre, j´imagine.
    Pour ma part, je considère que c´est bien désagréable,
    Lorsque des hommes ont été dans une grande richesse et dans l´aisance,
    D´entendre dire leur chute soudaine, hélas !
    Le contraire est joie et grand plaisir,
2775   Quand un homme a été dans un pauvre état
    [De le voir] gravir les échelons et s´enrichir,
    Et vivre dans la prospérité.
    C´est réjouissant, me semble-t-il,
    Et il me semble qu´il serait bon de raconter une telle histoire".
2780   "Oui", dit notre Hôte, "Par la cloche de Saint-Paul,
    Vous dites la vérité, ce moine parle sombrement.
    Il a dit comment la Fortune a couvert je ne sais quoi
    D´un nuage; et puis vous avez entendu parler
    Il y a quelques instants d´une tragédie, et, pardi, ce n´est pas un remède
2785   De se lamenter et de se plaindre
    De ce qui est fait; de plus, il est pénible,
    Comme vous l´avez dit, d´entendre parler de choses tristes.

    Sire Moine, arrêtez, et Dieu vous bénisse !
    Votre conte ennuie toute cette compagnie.
2790   Une telle histoire ne vaut pas un papillon,
    Car on n´y trouve aucun plaisir, aucune distraction.
    Aussi, Sire Moine, ou Dom Pierre de votre nom,

Je vous prie cordialement de nous raconter autre chose;
Car, je vous assure, si cela n'avait été le tintement de vos cloches,
2795 Qui sont pendues des deux côtés de votre bride,
Par le roi du ciel, qui mourut pour nous tous,
Je serais tombé endormi bien avant ceci,
Bien que la boue n'ait jamais été aussi profonde;
Alors votre conte aurait été raconté en vain.
2800 Car, certes, comme ces clercs disent,
Lorsqu'un homme n'a pas de public
Il ne sert à rien qu'il dise ses histoires.

Et je sais que j'ai l'étoffe [d'un auditeur attentif]
Lorsque quelque chose est bien raconté.
2805 Messire, racontez-nous [une histoire] de chasse, je vous prie."

"Non", dit le Moine, "je n'ai pas envie de rire.
Faites raconter un autre, puisque j'ai raconté [mon histoire]."
Alors parla notre Hôte, de sa voix grossière et hardie,
Et il dit au Prêtre des Nonnes,
2810 "Approche-toi, le prêtre, viens ici, toi Messire Jean !
Raconte-nous quelque chose qui puisse réjouir nos coeurs.
Sois gai, bien que tu chevauches sur un bidet.
Quelle importance si ton cheval est sale et maigre ?
S'il veut te servir, ne t'en soucie guère.
2815 Veille à toujours avoir le coeur gai."

"Oui, Monsieur,", dit-il, "oui, mon Hôte, comme je veux
continuer
Je vais être joyeux, autrement je serais blâmé."
Et il commença tout de suite son conte
Et il nous le dit à chacun,
Ce doux prêtre, ce brave homme, Messire Jean.

Explicit

LE CONTE DU PRÊTRE DES NONNES

Ici commence le Conte du Prêtre des Nonnes, celui du Coq et
de la Poule, de Chantecler et de Pertelote.

2821 Une pauvre veuve, assez avancée en âge
   Habitait autrefois dans une petite chaumière,
   Près d'un bosquet, dans un vallon.
   Cette veuve, dont mon conte va vous parler,
2825 Depuis le jour même où elle avait été épouse pour la dernière fois,
   Menait patiemment une vie toute simple
   Car son capital et sa rente étaient petits.
   En gérant ce que Dieu lui envoyait,
   Elle subvenait à ses besoins et aussi à ceux de ses deux filles.
2830 Elle avait trois grosses truies, pas plus,
   Trois vaches, et aussi un mouton qui s'appelait Malle.
   Sa chambre et sa salle à manger étaient couvertes de suie;
   Et elle y mangeait plus d'un maigre repas.
   Elle n'avait jamais besoin de sauce piquante.
2835 Aucun morceau raffiné ne passait par sa gorge;
   Ses repas étaient à l'image de sa chaumière.
   La réplétion ne la rendait jamais malade;
   Sa médecine était un régime modéré,
   De l'exercice et un coeur content.
2840 La goutte ne l'empêchait nullement de danser
   Et l'apoplexie ne lui endommageait pas la tête.
   Elle ne buvait aucun vin, ni blanc ni rouge;
   Son assiette était le plus souvent servie de blanc et de noir
   - Du lait et du pain bis, dont elle ne manquait jamais,
2845 Du bacon graissé et parfois un oeuf ou deux;
   C'était en quelque sorte une femme de laiterie.

    Elle avait une cour, tout enclose
   De pieux, avec un fossé asséché à l'extérieur,
   Dans laquelle elle avait un coq, qui s'appelait Chantecler,

2850 Dans tout le pays il n´avait pas son pair pour le cocoricò.
Sa voix était plus joyeuse que le joyeux orgue
Qui chante à l´église les jours de messe.
Son cocorico, dans son logis, était bien plus sûr
Que la cloche ou l´horloge d´une abbaye.
2855 Par nature, il connaissait chaque ascension
Du [cercle] équinoxial dans cet enclos.
Car, quand quinze degrés étaient passés,
Alors il chantait d´une manière qu´il n´aurait pu améliorer.
Sa crête était plus rouge que le fin corail,
2860 Et crénelée comme si elle avait été un mur de château;
Son bec était noir, et brillait comme le jais;
Ses pattes et ses doigts [étaient] comme l´azur;
Ses ongles étaient plus blancs que la fleur de lys,
Et sa couleur ressemblait à l´or bruni.
2865 Ce noble coq avait à son commandement
Sept poules pour lui procurer tout son plaisir;
Qui étaient ses soeurs et ses maîtresses,
Et lui ressemblaient étrangement quant aux couleurs,
Celle qui avait la plus belle couleur à la gorge
2870 Avait nom belle demoiselle Pertelote.
Elle était courtoise, discrète et débonnaire,
Et sociable, et se tenait si bien
Depuis le jour où elle avait eu sept nuits
Que, assurément, elle tenait le coeur de Chantecler
2875 [Et l´avait] emprisonné de tous ses membres;
Elle l´aimait tant qu´il s´en trouvait bien.
C´était une telle joie de les entendre chanter
Quand le soleil brillant commençait à se lever,
En doux accord, "Mon amour est parti dans le pays",
2880 Car, à cette époque, comme j´ai compris,
Les animaux et les oiseaux savaient parler et chanter.

Il advint donc, qu´un matin à l´aube,
Alors que Chantecler, parmi toutes ses femmes,
Était sur son perchoir dans la salle à manger,
2885 Et que la belle Pertelote était près de lui,
Chantecler se mit à gémir dans sa gorge
Comme un homme grandement troublé dans son rêve.

Et quand Pertelote l'entendit geindre,
Elle eut peur et dit : "Mon cher coeur,
2890 Qu'avez-vous pour gémir ainsi ?
Vous êtes un bon dormeur; fi ! c'est une honte ! "

Et il répondit en disant : "Madame,
Je vous prie de ne pas vous en attrister.
Par Dieu, je rêvais que j'étais dans un tel malheur,
2895 En cet instant même, que mon coeur en est encore doulou-
reusement effrayé.
Que Dieu mette bonne fin à mon rêve,
Et garde mon corps de la prison répugnante !
Je rêvais que je me promenais, que j'allais et venais
Dans notre cour, quand je vis une bête
2900 Comme un chien, qui aurait voulu attraper
Mon corps, et aurait voulu me mettre à mort.
Sa couleur était entre le jaune et le rouge,
Sa queue et ses deux oreilles avaient le bout noir,
Contrairement au reste de ses poils;
2905 Son museau était petit avec deux yeux brillants.
Pourtant, je crus mourir de peur à son regard;
Voilà, sans aucun doute, ce qui m'a fait gémi."

"Ça alors", dit-elle, "le honte soit sur toi, poltron !
Hélas ! ", dit-elle, "car, par Dieu qui est là-haut,
2910 Tu as maintenant perdu mon coeur et tout mon amour.
Je ne puis aimer un poltron, par ma foi !
Car, assurément, quoi qu'une femme puisse dire,
Nous désirons toutes, si cela se peut,
Avoir des maris audacieux, sages et généreux,
2915 Et en qui nous puissions avoir confiance, pas des nigauds
ni des fous,
Ni un qui a peur de toutes les armes,
Ni un fanfaron, par Dieu qui est là-haut !
Comment avez-vous osé dire, sans vergogne, à votre amour
Qu'une chose a pu vous effrayer ?
2920 N'avez-vous pas un coeur d'homme et une barbe ?
Hélas ! Se peut-il que vous ayez peur des songes ?
Les songes sont engendrés par la réplétion,
Et souvent par les vapeurs [stomacales] et la complexion,

2925   Quand les humeurs deviennent trop abondantes chez un être.
         Certes, le rêve que vous avez eu cette nuit
         Provient d´un grand superflu
         De votre bile rouge, pardi,
         Qui fait avoir peur dans les rêves
2930   Des flèches, du feu aux flammes rouges,
         Des animaux rouges, comme s´ils voulaient mordre,
         Des querelles et des chiens, grands et petits;
         De même que l´humeur de mélancolie
         Fait crier de nombreux hommes endormis
2935   Par peur des ours noirs ou des taureaux noirs,
         Ou comme si de noirs démons voulaient les enlever.
         Je pourrais également parler d´autres humeurs
         Qui font bien mal dormir plus d´un homme;
         Mais je vais passer sur ceci aussi vite que possible.

2940   Voyez, Caton, qui était un homme si sage,
         Ne disait-il pas 'Ne fais pas cas des rêves' ?

        Maintenant, Monsieur'', dit-elle, "quand nous quitterons
                                    ces solives
         Pour l´amour de Dieu, prenez un laxatif.
         Au péril de mon âme et de ma vie,
2945   Je vous donne le meilleur conseil, je ne mens pas,
         Purgez-vous à la fois de la colère et de
         La mélancolie; et, pour que vous ne tardiez pas,
         Bien qu´il n´y ait pas d´apothicaire dans ce village,
         Je vais moi-même vous indiquer et vous expliquer les herbes
2950   Qui serviront à votre santé et à votre profit;
         Et, dans notre cour je trouverai ces herbes
         Qui ont par nature cette propriété
         De vous purger par le bas et aussi par le haut.
         N´oubliez pas ceci, pour l´amour de Dieu !
2955   Vous êtes très colérique de complexion;
         Veillez à ce que le soleil dans son ascension
         Ne vous trouve pas rempli de chaudes humeurs.
         Et, s´il le fait, je veux bien parier un sou
         Que vous aurez une fièvre tierce
2960   Ou une fièvre qui vous sera peut-être mortelle.
         Pendant un jour ou deux, vous prendrez des vers comme digestifs

Avant de prendre vos laxatifs
De lauréole, centaurée, et fumeterre,
Ou alors d'ellébore, qui pousse ici,
2965   De catapuce ou de nerprun,
De lierre terrestre, poussant dans notre cour, qui est si agréable;
Picorez-les bien où elles poussent, et mangez-les.
Soyez joyeux, mon mari, par la race de votre père !
Ne craignez aucun rêve, je ne puis en dire davantage."

2970   "Madame", dit-il, "grand merci pour votre leçon.
Mais, néanmoins, pour ce qui concerne sire Caton,
Qui a un tel renom de sagesse,
Bien qu'il demande que l'on n'ait pas peur des rêves,
Par Dieu, on peut lire dans de vieux livres
2975   De plus d'un homme à l'autorité supérieure
A celle de Caton, aussi vrai que j'espère prospérer,
Qui disent exactement le contraire de cette opinion,
Et qui ont trouvé par expérience
Que les rêves ont pour signification
2980   Les joies comme les tourments
Que les hommes endurent en cette vie.
On ne doit pas en discuter,
La vraie preuve se trouve dans les faits.

        L'un des plus grands auteurs que l'on peut lire
2985   Dit ainsi qu'un jour deux compagnons se rendirent
En pèlerinage avec les meilleures intentions;
Il advint qu'ils arrivèrent dans une ville
Où il y avait un tel rassemblement
De gens et aussi un tel manque d'auberges,
2990   Qu'ils ne trouvèrent même pas une chaumière
Dans laquelle ils puissent être logés tous deux.
C'est pourquoi ils durent nécessairement
Se séparer pour cette nuit;
Et chacun alla à son auberge
2995   Et prit le logement qui lui échut.
L'un d'eux était logé dans une étable
Loin dans la cour, avec des boeufs de labour;
L'autre était suffisamment bien logé,

Que ce soit par le hasard ou la fortune
3000   Qui nous gouverne tous communément.

Et il advint donc que, bien avant le lever du jour,
Cet homme rêve, dans son lit où il était couché,
Que son compagnon venait l'appeler
Et disait, 'hélas ! Dans une étable à boeufs
3005   Où je suis couché, je serai assassiné cette nuit.
Aide-moi, cher frère, ou je mourrai.
Viens près de moi en toute hâte ! ' , dit-il
Cet homme sursauta de peur et fut tiré de son sommeil,
Mais quand il s'éveilla
3010   Il se retourna et n'y prêta aucune attention.
Il lui semblait que son rêve n'était qu'une vanité.
Par deux fois dans son sommeil il rêva ainsi;
Et à la troisième fois cependant, son compagnon
Vint, lui semblait-il, en disant, 'Maintenant je suis tué,
3015   Regarde mes blessures sanglantes, profondes et larges !
Lève-toi tôt matin
Et à la porte ouest de la ville', dit-il,
'Tu verras une charrette pleine de fumier
Dans laquelle mon corps est bien secrètement caché;
3020   Fais courageusement arrêter cette charrette.
Mon or a causé mon meurtre, c'est la vérité.'
Et il lui raconta en tous points comment il avait été tué,
Avec un visage très pitoyable, le teint pâle.
Et, croyez bien, il découvrit que son rêve était parfaitement
3025   Car, le matin, dès qu'il fit jour,   vrai;
Il prit le chemin du logis de son compagnon.
Et, quand il arriva à l'étable aux boeufs,
Il se mit à appeler son compagnon.

L'aubergiste lui répondit tout de suite
3030   En disant, 'Monsieur, votre compagnon est parti,
Dès le lever du jour il est sorti de la ville.'

Notre homme devint soupçonneux,
Se souvenant des rêves qu'il avait faits,
Et il va tout droit, il ne voulait plus attendre,
3035   Vers la porte ouest de la ville, et trouve

Une charrette de fumier, qui semblait se rendre au tas ;
Elle était disposée de la façon même
Que ce que vous avez entendu dire par l´homme mort.
Le coeur vaillant il cria

3040   Vengeance et justice contre cette félonie.
'Mon compagnon a été assassiné cette nuit même,
Et il gît dans une charrette, la bouche ouverte vers le haut.
J´en appelle aux magistrats, dit-il,
' Qui devraient garder et diriger cette cité.

3045   Au secours ! Hélas ! Mon ami gît tué ici ! '
Que devrais-je ajouter à ce conte ? '
Les gens accoururent et renversèrent la charrette,
Et, au milieu du fumier ils trouvèrent
L´homme mort, qui venait d´être assassiné.

3050   O Dieu béni, toi qui es si juste et vrai,
Voici comment tu dévoiles toujours un meurtre !
Un meurtre éclatera toujours, nous le voyons jour après jour.
Un meurtre est si répugnant et abominable
A Dieu, qui est si juste et raisonnable,

3055   Qu´il ne peut souffrir qu´il soit caché,
Même si cela doit durer un an ou deux ou trois.
Un meurtre doit éclater, voici ma conclusion.
Et tout de suite, les magistrats de cette ville
Ont arrêté le charretier qu´ils ont si péniblement torturé,

3060   Ainsi que l´aubergiste, qu´ils ont si péniblement soumis à la
                                                   question,
Qu´ils reconnurent immédiatement leur crime
Et furent pendus par le cou.

De cette histoire vous pouvez voir que l´on doit craindre
                                               les rêves.
Et, de fait, je lis dans le même livre,

3065   Dans le chapitre qui vient tout juste après,
Je ne plaisante pas, car j´espère connaître la joie et le bonheur,
Que deux hommes qui auraient voulu traverser la mer,
Pour une certaine raison, afin de se rendre dans un pays lointain,
Parce que le vent leur fut contraire,

3070   Durent s´attarder dans une cité,
Bien joyeuse au bord d´un port ;

119

Mais un jour, vers la soirée,
Le vent se mit à changer et souffla juste comme ils le
désiraient.
Joyeux et gais ils allèrent se coucher
3075 Et projetèrent de naviguer très tôt.
Mais à l'un d'eux arriva grande merveille :
Alors qu'il était couché et dormait, l'un d'eux
Fit un rêve étrange sur le matin.
Il lui sembla qu'un homme se tenait à côté de son lit
3080 Et lui commandait d'attendre,
Lui disant ainsi : 'Si tu pars demain
Tu seras noyé; je t'ai dit toute mon histoire'.
Il se leva et raconta à son compagnon ce qu'il avait rêvé,
Et il le pria de remettre son voyage;
3085 Il le pria d'attendre seulement ce jour.
Son compagnon, qui était couché à côté de son lit,
Se mit à rire et s'en moqua fort violemment.
'Aucun rêve', dit-il, 'ne peut effrayer mon coeur
Au point que je remette ce que je dois faire.
3090 Je me moque de tes rêves comme d'un fétu de paille,
Car les rêves ne sont que vanités et plaisanteries.
On rêve continuellement de hiboux et de singes
Et de bien d'autres choses fantastiques;
On rêve de choses qui n'ont jamais été et ne seront jamais.
3095 Mais, puisque je vois que tu veux attendre ici
Et ainsi perdre volontairement ton temps,
Dieu le sait, je le regrette; aie bien le bonjour ! '
Et il prit ainsi congé et fut son chemin.
Mais, avant d'avoir navigué la moitié de sa traversée,
3100 Je ne sais pas pourquoi, ni quelle malchance survint,
Mais, par accident, le fonds du bateau se brisa,
Et bateau et homme sombrèrent dans l'eau
Sous les yeux d'autres bateaux là tout près,
Qui navigaient avec eux, au même moment.
3105 C'est pourquoi, belle Pertelote, ma chérie,
Par de tels vieux exemples tu peux apprendre
Qu'aucun homme ne devrait être aussi méprisant
Des rêves; car, je te le dis, sans aucun doute,
Qu'il faut craindre amèrement plus d'un rêve.

3110   Voyez, je lis ici dans la vie de Saint Kenelm,
Qui était le fils de Kenulph, le noble roi
De Mercie, comment Kenelm rêva une chose.
Un peu avant d'être assassiné, un jour,
Il vit son meurtrier en vision.
3115   Sa nourrice lui expliqua tous les détails
De son rêve, et lui demanda de bien se protéger
Contre la trahison; mais, il n'avait que sept ans
C'est pourquoi il accordait peu de poids
A un rêve, tant son coeur était saint.
3120   Par Dieu ! Je donnerais bien ma chemise
Pour que vous eussiez lu cette légende comme je l'ai fait.

    Dame Pertelote, je vous le dis sincèrement,
Macrobe, qui écrivit la vision
En Afrique du preux Scipion,
3125   Confirme les rêves, et dit qu'ils sont
Des avertissements de choses que l'on voit après.
De plus, je vous en prie, regardez bien
Dans l'Ancien Testament, si Daniel
Tenait les rêves pour quelque vanité.
3130   Lisez aussi [l'histoire de] Joseph, et là aussi vous verrez
Que les rêves sont parfois –je ne dis pas tous –
Des avertissements de choses qui adviendront après.
Regardez le roi d'Egypte, le sieur Pharaon,
Son boulanger et aussi son bouteiller,
3135   [Et voyez] s'ils ne tirèrent pas des résultats des rêves.
Celui qui voudrait fouiller les actes de divers royaumes
Pourrait lire de nombreuses choses merveilleuses sur les rêves.
Voyez Crésus, qui était roi de Lydie,
N'a-t-il pas rêvé qu'il était assis sur un arbre,
3140   Ce qui signifiait qu'il serait pendu ?
Voyez ici Andromaque, la femme d'Hector,
Le jour même où Hector allait perdre la vie
Elle avait rêvé la nuit précédente
Comment Hector perdrait la vie
3145   S'il partait à la bataille ce même jour.
Elle le prévint, mais cela ne servit à rien;
Il partit néanmoins se battre

Mais fut immédiatement tué par Achille.
Mais cette histoire est par trop longue à raconter,
3150 De plus, il fait presque jour, je ne puis m´attarder.
Je vais vous dire brièvement, en guise de conclusion,
Que de cette vision me viendra
L´adversité; j´ajouterai à cela,
Que je n´accorde aucune valeur aux laxatifs,
3155 Car ils sont empoisonnés, je le sais bien;
Je les défie, je ne les aime pas du tout !

Maintenant, parlons de choses gaies, arrêtons tout ceci.
Madame Pertelote, j´ai un bonheur,
Pour une chose Dieu m´a fait une bien grande grâce;
3160 Car, quand je vois la beauté de votre visage,
Vous êtes d´un rouge si écarlate autour des yeux
Que cela fait mourir toutes mes craintes;
Car, aussi vrai [que parole d´Évangile], *In principio,*
Mulier est hominis confusio,
3165 - Madame, le sens de ce latin est
'La femme est la joie de l´homme et tout son bonheur';
Car, quand je sens la nuit votre doux côté,
Bien que je ne puisse vous monter,
Car notre perchoir est rendu si étroit, hélas !
3170 Je suis si rempli de joie et de plaisir,
Que je défie songes et rêves."
Et à ces mots il s´abattit de la solive,
Car il faisait jour, de même [firent] toutes ses poules;
Et, d´un gloussement il se mit à les appeler,
3175 Car il avait trouvé un grain perdu dans la cour.
Il était royal, il n´avait plus peur.
Vingt fois il couvrit Pertelote de ses ailes ouvertes
Et la monta autant de fois avant prime,
Il semblait être un lion menaçant,
3180 Et sur ses doigts il va et vient;
Il ne daignait pas mettre pied à terre.
Il glousse quand il a trouvé un grain,
Et alors toutes ses femmes accourent vers lui.
Dans cet état royal comme un prince dans son palais,
3185 Je laisse ce Chantecler dans sa pâture,

Et ensuite je vous raconterai son aventure.

Quand le mois au cours duquel le monde commença,
Qui s'appelait Mars, lorsque Dieu créa l'homme,
Fut complet, et que furent également écoulés,
3190 Depuis le début de Mars, trente-deux jours,
Il advint que Chantecler, dans tout son orgueil,
Avec ses sept femmes marchant à son côté,
Jeta les yeux sur le soleil brillant,
Qui avait parcouru dans le signe du Taureau
3195 Vingt et un degrés, et un peu plus,
Et sut, par nature, et par aucune autre science
Qu'il était prime, et il chanta d'une voix joyeuse.
"Le soleil", dit-il, "est monté dans le ciel
De quarante et un degrés, et plus assurément.
3200 Madame Pertelote, bonheur de mon monde,
Écoutez chanter ces heureux oiseaux,
Et voyez comment poussent les fraîches fleurs;
Mon cœur est plein de réjouissances et de plaisir!"
Mais soudain il advint une chose pénible,
3205 Car l'extrémité de la joie est toujours la peine.
Dieu sait que la joie terrestre est vite passée;
Et si un rhéteur savait bien l'écrire,
Il pourrait sans danger le consigner dans une chronique
Comme un exemple souverain.
3210 Que maintenant chaque homme sage m'écoute;
Cette histoire est aussi vraie, je le garantis,
Que l'est le livre de *Lancelot du Lac,*
Que les femmes tiennent en si grande estime.
Mais, j'en reviens à mon propos.
3215 Un renard charbonnier, rempli de rusée iniquité,
Qui avait vécu trois années dans le bois,
Envoyé là-bas par prédestination divine,
La même nuit surgit à travers les haies
Dans la cour que Chantecler le beau
3220 Avait l'habitude de fréquenter avec ses femmes;
Et il resta silencieusement couché dans un lit de légumes
Jusqu'à ce qu'il soit passé neuf heures,
Attendant le moment de tomber sur Chantecler

123

Comme le font habituellement tous ces meurtriers
3225 Qui attendent pour assassiner des gens.
O traître meurtrier tapi dans ton antre !
O nouvel Iscariot, nouveau Ganelon,
Traître dissimuleur, o Sinon le Grec,
Qui mena Troye à la misère la plus totale !
3230 O Chantecler, maudit soit le matin
Où tu t'envolas de tes solives pour cette cour !
Tu avais été bel et bien prévenu par tes rêves
Que ce jour était périlleux pour toi;
Mais, ce que Dieu a prévu doit nécessairement être,
3235 Suivant l'opinion de certains clercs.
Que soit témoin celui qui est parfait clerc,
Qu'à l'école il y a une grande altercation
En cette matière et un grand débat
Et que [cette question] a [opposé] une centaine de milliers
                                                                                d'hommes.
3240 Mais je ne puis vider le problème,
Comme peut le faire le saint docteur Augustin,
Ou Boèce, ou l'évêque Bradwardin,
De savoir si la noble prévoyance divine
M'oblige nécessairement à faire une chose
3245 - Par nécessairement, j'entends la simple nécessité -
Ou bien si le libre choix m'est accordé
De faire cette chose ou de ne pas la faire,
Même si Dieu l'a prévue avant qu'elle ne soit faite;
Ou si sa prévoyance ne force jamais qu'une partie
3250 Conditionnée par la nécessité.
Je ne veux pas avoir à traiter une telle matière;
Mon conte est celui d'un coq, comme vous pouvez l'entendre,
Qui suivit le conseil de sa femme, avec quel malheur,
D'aller marcher dans la cour ce matin
3255 Où il avait eu le rêve dont je vous ai parlé.
Les conseils des femmes sont souvent fatals;
C'est le conseil d'une femme qui nous mit pour la première
                                                            fois dans le malheur,
Et qui fit qu'Adam dut quitter le paradis,
Où il était parfaitement heureux et à son aise.
3260 Mais, comme je ne sais à qui cela pourrait déplaire,

Si je me mettais à blamer le conseil des femmes,
Passons, car j´ai dit cela en plaisanterie.
Lisez les auteurs quand ils traitent de cette matière,
Et vous pourrez entendre ce qu´ils disent des femmes.
3265   C´étaient les paroles du coq, et non les miennes;
Je ne puis déclarer aucun mal d´aucune femme.

Agréablement dans le sable, pour se baigner joyeusement,
Était couchée Pertclote avec toutes ses soeurs,
Face au soleil, et Chantecler si libre
3270   Chantait plus joyeusement que la sirène dans la mer;
Car *Physiologus* dit avec certitude
Comme elles chantent bien et joyeusement.
Il arriva que, comme il jetait son regard
Sur un papillon dans les légumes,
3275   Il aperçut le renard, qui était couché bien bas.
Il n´eut plus alors envie de chanter cocorico,
Mais il cria de suite, "cok, cok ! " et il se dressa
Comme un homme effrayé dans son coeur.
Car, naturellement, un animal désire fuir
3280   Son contraire s´il peut le voir,
Même s´il ne l´avait jamais vu de ses yeux auparavant.

Quand il l´eut vu, Chantecler
Aurait eu fui, si le renard n´avait dit aussitôt :
"Hélas ! Noble sire, où voulez-vous aller ?
3285   Avez-vous peur de moi, qui suis votre ami ?
Maintenant, certes, je serais pire qu´un ennemi,
Si je vous voulais mal ou vilenie !
Je ne suis pas venu pour épier vos intentions,
Mais vraiment, la cause de ma venue
3290   Était seulement d´écouter comment vous chantez.
Car, vraiment, vous avez une voix aussi joyeuse
Que celle de n´importe quel ange du ciel.
De plus, vous avez un sens de la musique supérieur
A celui qu´avait Boèce ou tout autre qui sait chanter.
3295   Mon seigneur votre père -Dieu bénisse son âme ! -
Et aussi votre mère, dans leur courtoisie,
Furent dans ma maison à mon grand plaisir;

Et, certes, sire, c'est très volontiers que je vous ferais plaisir.
Mais, si on parle de chanter, je veux dire
3300 - Aussi vrai que je veux pouvoir jouir de mes deux yeux –
Qu'à part vous je n'ai jamais entendu aucun homme chanter
Comme le faisait votre père le matin.
Certes, cela venait de son coeur tout ce qu'il chantait,
Et, pour affermir sa voix,
3305 Il faisait un tel effort qu'il devait fermer
Les deux yeux, tant il voulait crier fort,
Et qu'il devait se dresser sur ses ergots
Et étendre son long cou étroit.
De plus, il était d'un tel discernement
3310 Qu'il n'était âme en aucune région
Qui pût le surpasser en chant ou en sagesse.
J'ai lu dans *Sire Brunel l'Ane*
Parmi les vers [de ce poème], [l'histoire d'un] coq,
Qui, parce qu'un fils de prêtre lui avait donné un coup
3315 Sur la jambe alors qu'il était jeune et niais,
Lui avait fait perdre son bénéfice.
Mais, à coup sûr il n'y a pas de comparaison
Avec la sagesse et le discernement
De votre père et la subtilité [de ce coq].
3320 Maintenant, chantez, messire, par sainte charité;
Voyons, pouvez-vous imiter votre père ?"

Chantecler se mit à battre des ailes,
Comme un homme qui ne pourrait pas percevoir la trahison,
Tant il était ravi par sa flatterie.

3325 Hélas ! Mes seigneurs, il est plus d'un vil flatteur
Dans vos cours, et plus d'un louangeur
Qui vous plaisent bien plus, ma foi,
Que celui qui vous dit la vérité.
Lisez l'*Ecclésiaste* sur la flatterie;
3330 Soyez conscients, messire, de leur trahison.

Chantecler se dressa haut sur ses ergots,
Étendant son cou, et il ferma les yeux,
Et se mit à chanter bien haut pour la circonstance.

126

Et sire Rousset, le renard, se dressa tout de suite
3335 Et attrapa Chantecler à la gorge,
Et le porta sur son dos vers le bois,
Car il n'y avait aucune personne qui le poursuivît.

O destinée, à qui l'on ne peut échapper !
Hélas ! Que Chantecler soit descendu des solives !
3340 Hélas ! Que sa femme n'ait fait aucun cas des rêves !
Et que tout ce malheur survînt un Vendredi.

O Vénus, toi qui es la déesse du plaisir,
Puisque ce Chantecler était ton serviteur,
Et qu'il mit toute sa puissance à ton service,
3345 Plus par plaisir que pour multiplier le monde,
Pourquoi veux-tu souffir qu'il meure en ton jour ?

O Geoffroy, mon cher et souverain maître
Qui, quand ton preux roi Richard fut tué
D'une flèche, fit une complainte si amère sur sa mort,
3350 Pourquoi n'ai-je pas maintenant
Tes pensées et tes connaissances,
Pour gourmander Vendredi comme tu le fis ?
Car c'est un Vendredi, en vérité, qu'il fut tué.
Alors je vous montrerais comment je pourrais me lamenter
Sur la peur et la peine de Chantecler.

3355 Certes, quand Ilion fut prise
Et que Pyrrhus, avec son épée tirée,
Eut saisi le roi Priam par la barbe
Et l'eut tué, comme nous le raconte l'*Énéide,*
Les dames ne poussèrent aussi grand cri et lamentation
3360 Que ne le firent les poules dans l'enclos
Quand elles eurent vu le tableau [offert par] Chantecler.
Mais dame Pertelote cria souverainement
Bien plus haut que ne le fit l'épouse d'Hasdrubal,
Quand son mari eut perdu la vie
3365 Et que les Romains eurent brûlé Carthage.
Elle était si remplie de tourment et de rage
Qu'elle se précipita volontairement dans le bûcher
Et se brûla, le coeur décidé.

O pauvres poules, vous criiez aussi fort
3370 Que, quand Néron brûla la cité
De Rome, crièrent les épouses des sénateurs
Parce que leurs maris avaient perdu la vie,
– C'est sans culpabilité que Néron les a tués–
Maintenant, je vais en revenir à mon conte.

3375 L'humble veuve, et aussi ses deux filles
Entendirent ces poules crier et se lamenter,
Et elles se précipitèrent immédiatement dehors
Et virent le renard se diriger vers le bosquet,
Et qui emportait le coq sur son dos,
3380 Elles crièrent, "Sortez ! Au secours ! Hélas !
Eh ! Eh ! Le renard ! ", et elles coururent après lui
Ainsi que beaucoup d'hommes avec des bâtons.
Notre chien Colle accourut, et Talbot et Gerland,
Et Tilla, une quenouille en main.
3385 La vache et le veau coururent, et aussi les vrais cochons
Fort effrayés par l'aboiement des chiens
Et les clameurs des hommes et aussi des femmes,
Ils coururent tellement qu'il leur sembla que leur coeur éclatait.
Ils hurlaient comme le font les démons en enfer;
3390 Les canards criaient comme si on voulait les tuer;
Les oies, de peur, s'envolèrent au-dessus des arbres;
L'essaim d'abeilles sortit de la ruche.
Tellement le bruit était hideux, ah, *benedicitee* !
Certes, lui Jack Straw et ses adeptes
3395 Ne poussèrent jamais la moitié de ces cris perçants,
Quand ils voulurent tuer les Flamands,
Qui furent poussés en ce jour contre le renard.
Ils apportèrent des trompettes de cuivre et de buis,
De corne et d'os, dans lesquelles ils soufflaient et sonnaient,
3400 Et, en même temps, ils poussaient des cris et huaient.
Il semblait que le ciel allait tomber.

Maintenant, bonnes gens, je vous en prie, écoutez bien tous :
Regardez comment la Fortune retourne soudainement
L'espoir et aussi la fierté de son ennemi !
3405 Le coq, qui était couché sur le dos du renard,
Dans sa frayeur parla au renard,

Et dit : "Sire, si j´étais vous,
Je dirais, aussi sûr que Dieu me vienne en aide,
'Retournez, vous tous fiers gaillards !
3410   Qu´une vraie peste tombe sur vous !
Maintenant, je suis arrivé à l´orée du bois;
Malgré vous, le coq restera ici.
Je vais le manger, par ma foi, et cela tout de suite ! "

　　　Le renard répondit : "Ma foi, ce sera fait".
3415   Et, comme il disait ces paroles, tout soudainement
Le coq s´échappa adroitement de sa gueule
Et s´envola tout de suite haut sur un arbre.
Et, quand le renard vit que le coq était parti,
"Hélas ! ", dit-il, "O Chantecler, hélas !
3420   Je vous ai fait du tort", dit-il,
"Parce que je vous ai effrayé
En vous attrapant et en vous emmenant hors de la cour,
Mais, sire, je ne l´ai pas fait avec une mauvaise intention.
Descendez et je vous dirai ce que je voulais faire;
3425   Je vous dirai la vérité, Dieu m´y aide ! "

　　　"Non alors", dit [le coq], je nous maudis tous deux.
Mais d´abord, je me maudi[rais] moi-même, sang et os,
Si tu me trompes plus d´une fois.
Tu ne me feras plus, par ta flatterie,
3430   Chanter et fermer les yeux;
Car, celui qui ferme les yeux alors qu´il devrait voir,
Et ce de plein gré, que Dieu ne le laisse jamais prospérer ! "

　　　"Non", dit le renard, "mais que Dieu lui apporte malheur
A celui qui manque tellement de contrôle de lui-même
3435   Qu´il bavarde alors qu´il ferait mieux de se tenir coi."

　　　Voyez ce qu´il en est d´être imprudent
Et négligent, et confiant dans la flatterie.
Mais, vous qui considérez ce conte comme une folie,
[L´histoire] d´un renard, ou d´un coq et d´une poule,
3440   Prenez-en la moralité, bonnes gens.
Car saint Paul dit que tout ce qui est écrit
Est assurément écrit pour notre instruction;

Prenez le fruit et laissez bien la balle.

Maintenant, bon Dieu, si c'est ta volonté,

3445 Comme le dit mon seigneur, fais de nous tous des hommes bons,

Et conduis-nous à son bonheur céleste ! Amen.

Ici finit le Conte du Prêtre des Nonnes

Épilogue au Conte du Prêtre des Nonnes

3447 "Sire le Prêtre des Nonnes", dit tout de suite notre Hôte,

"Bénies soient tes culottes et chacun de tes testicules,

C'était une joyeuse histoire de Chantecler.

3450 Mais, par ma foi, si tu étais séculier

Tu aurais été un beau couvreur de poules.

Car, si tu as autant de désir que de puissance

Tu aurais besoin de poules, me semble-t-il,

Oui, plus de sept fois dix-sept.

3455 Voyez quels muscles a ce noble prêtre,

Un cou si long et une poitrine si large !

Il ressemble à un épervier avec ses yeux;

Il n'a pas besoin de teindre sa couleur

Avec du brésil ou de la graine du Portugal.

3460 Maintenant, sire, bonne chance à votre conte ! "

Et ensuite, le visage joyeux,

Il s'adressa à un autre, comme vous allez l'entendre.

NOTES

LE PROLOGUE GÉNÉRAL

1-18   Les arts poétiques médiévaux recommandaient une ouverture printanière.

8   *Ram* : Le soleil est dans le Bélier du 12 mars au 11 avril. Pris isolément, ce passage veut dire 'vers le premier avril'; mais, comme le font remarquer les commentateurs, nous devons comprendre 'a parcouru la deuxième moitié de sa course' (c'est-à-dire que nous sommes dans le Taureau). Dans *Le Prologue du Conte de l'Homme de Loi,* Chaucer mentionne expressément le 18 avril (ce qui doit correspondre au deuxième jour du pèlerinage).

13   *palmeres* : À l'origine un pèlerin qui était allé en Terre Sainte et en avait rapporté une branche ou une feuille de palmier; par extension, un moine pèlerin.

17   *hooly blisful martir* : Saint Thomas Becket, dont la tombe se trouve dans la Cathédrale de Cantorbéry.

20   *Southwerk* : Près de Londres, et surtout près du seul pont qui traversait la Tamise.
Tabard : Nom de l'auberge, dont l'enseigne représentait un tabard, manteau court, ample, sans manches à l'époque; c'était le vêtement du laboureur (et plus particulièrement celui du Laboureur pèlerin, cf. vers 541).

33   Le sujet de *made forward* ne doit pas être *I*, mais un *nous* compris dans *felaweshipe* et dont dépend le *our* suivant.

46   *fredom* : A l'époque de Chaucer, à la fois sens de 'liberté' et de 'générosité'.

51   Prise d'Alexandrie par Pierre de Lusignan en 1365.

52-53   Peut-être aux banquets des Chevaliers de l'Ordre Teutonique; peut-être aussi, comme le suggère Ph. Hodgson, une allusion au somptueux banquet de 1385.

54-55   Sous les ordres des Chevaliers de l'Ordre Teutonique.

57	Capitulation d´Algésiras en 1344.
57	*Belmarye* et 62 *Tramyssene* : royaumes du Maghreb.
58	*Lyeys* : En Arménie; allusion à la victoire de 1367. *Satalye* : En Turquie; allusion à la victoire de 1361.
59	*Grete See* : Méditerranée.
65	*Palatye* : Balat; probablement allusion aux liens amicaux qui unirent vers 1365 le Sultan turc et le roi de Chypre.
68	Allusion à la *Chanson de Roland* ?
81	Litt. : "comme si elles avaient été mises en presse".
86	Allusion à la Guerre de Cent Ans.
97-98	*nyghtertale* et *nyghtyngale* : jeu de mots intraduisible.
100	Parmi d´autres tâches, non citées par Chaucer, l´Écuyer devait veiller à ce que le Chevalier, ici son père, soit bien servi à table.
101	*yeoman* : valet du Chevalier.
110	*wodecraft* : le sens d´artisanat est exclu : il n´apparaît qu´au XIXe s.
120	*Seint Loy* : Différentes interprétations, voir Robinson.
121	*Madame Eglentyne* : nom romanesque; différentes théories d´interprétation; voir Robinson.
125	*Stratford atte Bowe* : Couvent bénédictin près de Londres; on devait y parler un français vieilli, celui qui avait pénétré en Angleterre avec la Conquête.
136	Ou : "très décemment elle rotait après son dîner" (OED *reach,* v. 2). L´interprétation de L. Cazamian est très attirante, mais, comme le fait remarquer J. Delcourt, elle est d´autant plus contestable que les tables de concordance n´attestent *raughte/reighte* que dans le sens de 'tendre la main' (huit fois).
152	La valeur de *greye* est fort contestée; je l´interprète en fonction de *glas* qui suit (cf. les premiers vitraux médiévaux).
158-59	Les différents éditeurs traduisent *peire of bedes* par 'rosary' ou 'rosaire'; il y a anachronisme : le rosaire n´apparaît qu´à la fin du XVe s: je traduis donc par 'chapelet', attesté à partir du XIIIe s. et qui présente la même alternance de dix petits grains (les *ave*) et d´un gros grain (le *pater*).
162	*Amor vincit omnia* : Dans l´emploi original (Virgile, *Églogues*), *amor* avait le sens d´amour profane. Il fut ensuite utilisé dans le sens d´amour divin. Ici, mélange ironique des deux sens.
164	La *chapeleyne* assistait la Prieure. Le chapelain n´ayant pas de fém. en français, il m´a semblé que le terme qui pouvait le mieux correspondre était sous-prieure.

171-72	Je ne suis pas la ponctuation de Robinson.
176	Devant la difficulté de la traduction, j´interprète plutôt *space* dans le sens de 'cours' (cf. Skeat et Hodgson).
177-82	Deux des nombreuses manières de dire que cela ne vaut rien, mais, en même temps, cette imagerie trahit la gourmandise du Moine.
209	*lymytour* : Frère autorisé à mendier dans certaines limites.
210	Les Dominicains, Franciscains, Carmes et Augustiniens.
216	*frankeleyns* : Propriétaires libres qui n´étaient pas de naissance noble; il n´existe pas de terme équivalent en français.
224	Je traduis *pitaunce* par 'pitance de fête' : le terme chaucérien n´a pas le sens limitatif du français; il s´agit au contraire d´un repas avec supplément à l´ordinaire quotidien.
255	*ferthyng* : Quart de penny.
262	*worstede* : Drap de Worstead; cf. OED, *Worsted* sb.
277	*Middelburgh* : Comptoir de laine sur l´Ile de Walcheren de 1384-88; situé juste en face d´Orwell (probablement pour Ipswich, autre comptoir).
310	*Parvys* : L´endroit où les avocats rencontraient leurs clients.
333	*complexioun* : Voir *Le Conte du Prêtre des Nonnes,* vers 2923.
355	Aux sessions de Justice de Paix.
356	Au Parlement.
381	*tart* : Adj. 'piquant, acide'.
384	*mortreux* : Terme d´origine française, espèce de soupe au lait, avec parfois de la viande. *pye* : Tarte à la viande; celles aux fruits furent introduites ultérieurement.
408	Cap Finisterre : au NO de l´Espagne.
413	Je suis la ponctuation de Hodgson.
416	*magyk natureel* : 'la magie naturelle', contraire de la magie noire; le médecin fabriquait des images à certains moments favorables (ascendants), puis les traitait pour soigner ses malades.
420	On croyait que les quatre qualités fondamentales se mélangeaient pour produire les quatre humeurs; voir aussi *Le Conte du Prêtre des Nonnes,* vers 2924. (Le sang : chaud et humide; la mélancolie : froid et sec; le flegme : froid et humide; la colère : chaud et sec).
440	*sendal* : Fin tissu de soie.
456	*scarlet reed* : L´écarlate était une étoffe teinte au moyen de cochenille; sa couleur était rouge écarlate, il me paraît donc inutile de traduire *red*. Voir aussi *Le Conte du Prêtre des Nonnes,* vers 3459.

457	*moyste* et *newe* sont synonymes.
460	Le mariage se célébrait souvent à la porte de l'église.
463-66	Les principaux centres de pèlerinage; à Rome on allait voir la véronique; à Boulogne, une image de la Sainte Vierge; à Saint-Jacques de Compostelle, la châsse de saint Jacques; et à Cologne, la tombe des Rois Mages.
468	*Gat-tothed* : Les dents écartées étaient un synonyme de voyage, de chance, et aussi de lasciveté.
478	*toun* : A ici le sens de 'village, hameau'; cf. vers 491. L'emploi du mot est fort intéressant chez Chaucer, car nous sommes en pleine transition sémantique. Cf. p. 137, note 2856.
510	*chaunterie* : Dons pour faire chanter des messes pour le repos de l'âme des morts.
526	*spiced conscience* : litt. : 'épicée'; dans le contexte, cela signifie probablement que sa conscience est simple, qu'elle ne le tourmente pas avec des raffinements de scrupules.
542	*Reve* : La hiérarchie normale est (en descendant) *steward*, puis *baillif, provost*, puis *reve*; mais il semblerait qu'ici le *Reve* remplisse les fonctions d'un *baillif*.
543	*Somnour* : Appariteur ecclésiastique.
	Pardoner : Marchand d'indulgences.
541	*tabard* : Cf. vers 20.
544	*Maunciple* : L'économe des Collèges et Écoles de droit.
560	*goliardeys* : A l'origine les poètes vagabonds des XIIe et XIIIe s; ils écrivaient une poésie satirique et fort libre.
563	Cf. le proverbe "An honest miller hath a golden thumb". Normalement il signifie : "Aucun meunier n'est vraiment honnête"; mais il faut probablement comprendre ici qu'il a le pouce riche dans la mesure où il sait bien palper la farine. Emploi ironique du proverbe.
567	*Temple* : Deux des Écoles de droit de Londres portaient ce nom parce qu'elles avaient été construites sur un ancien site de Templiers.
570	*by taille* : A l'origine on marquait les crédits par des entailles.
586	Litt. : "leur mettait le bonnet à tous".
630	Je suis la ponctuation de Hodgson.
643	*Watte* : On apprenait ce cri aux geais (cf. *coco* aux perroquets).
644	Ambigu ?
646	*Questio, quid juris* : "La question est, en quoi la loi s'applique-t-elle ? "
652	Litt. : "un pinson".

658	C'est-à-dire un châtiment dont seul un avare (= un homme qui met son âme dans sa bourse) peut souffrir.
662	*significavit* : Début de la formule de demande d'emprisonnement ou d'excommunication.
673	*burdoun* : jeu de mots ? (Cf. français *burdoun)*.
703	D'après le sens général du contexte, *him* doit être le pronom réfléchi.
709	*lessoun* : correspond à *lectio; storie* correspond à *historia.*
715	Je préfère la lecture *shortly* à celle de Robinson : elle correspond mieux à une formule typique chez Chaucer.
754	*Chepe* : Cheapside ; une des principales rues de Londres.
774	Litt. : "comme une pierre".
791	*oure weye* : L'explication vient au vers 803 : l'Hôte va les accompagner.
816	"alors" est sous-entendu : moyennant ces conditions, les pèlerins acceptent la proposition.

LE CONTE DU CHEVALIER

859	*olde stories* : Ici, la *Théséide* de Boccace; Chaucer aime faire croire que ses sources sont plus anciennes qu'elles ne le sont en réalité. Dans ses notes, Robinson reproduit le tableau des principales concordances entre les deux oeuvres.
866	*Femenye* : Le royaume des Amazones.
875	et suivants : Procédé de rhétorique appelé *occupatio;* il sera utilisé plusieurs fois dans *Le Conte du Chevalier* et indique en général un endroit où Chaucer a résumé ses sources.
1073	Litt. : "qu'il était né, très souvent il disait 'hélas ! ' "
1088	*constellacioun* : Position des astres au moment de la naissance. *Saturne* : Associé à la Mélancolie; voir *Le Conte du Prêtre des Nonnes,* vers 2924; sur l'influence néfaste de Saturne, voir plus loin dans le conte (vers 2454 et suivants).
1101-1102	Idée reprise à l'*Enéide* (I, 327).
1132	*ysworn* : *brother ysworn,* mais aussi *ysworn. . . that.*
1163	*the olde clerkes sawe* : Boèce.
1165	*by my pan* : Litt. : "par ma tête".
1198	*olde bookes* : Le *Roman de la Rose* ? (Cf. note 859).

1225	Je suis la ponctuation de Spearing.
1261	Litt. : "ivre comme une souris".
1375	La psychologie de l'époque divisait le cerveau en trois régions : celle de devant (la fantaisie), celle du milieu (la raison) et celle de derrière (la mémoire).
1406	Je suis la ponctuation de Spearing.
1537	Le Vendredi est le jour de Vénus.
1546	Cadmos était le fondateur de Thèbes. Amphion avait construit une enceinte autour de Thèbes.
1558	*myte* : Petite pièce de monnaie flamande.
1608	Je suis la ponctuation de Spearing.
1632	*in the feeld* : Litt. : "sur le champ", mais uniquement dans le sens locatif.
1697	Cf. la note de Robinson : Thésée se protège les yeux du soleil.
1796	Litt. : "malgré leurs yeux", cf. l'expression "l'amour est aveugle".
1808	Litt. : "leur en connaît autant de reconnaissance que moi".
1810	Problème de lecture du manuscrit : *of* ou *or;* les coucous et les lièvres semblent avoir été réputés pour leur bêtise.
1822	*deren* : 'menacer, troubler'.
1838	*pipen in an yvy leef* : Proverbe : faire une chose inutile.
2035	*figure* : Le diagramme astrologique ?
2056	*Calistopee* : Mélange des constellations : Callisto est la Grande Ourse, l'étoile polaire est la Petite Ourse.
2063	Chez Chaucer *Dane* et *Diane*.
2085	*Lucyna* : Autre nom de Diane.
2121	*plates* : Partie de l'armure : plaque pectorale.
2178	*egle* : Probablement un faucon.
2184	*Litt.* : "accroissement".
2189	*prime* : Première heure canoniale; commence à six heures du matin.
2200	*deys* : Vient du latin *discus* : 'disque', 'plateau', 'table pour présenter les mets', 'estrade', et enfin 'tenture au-dessus de l'estrade' (sens actuel).
2271	*houre inequal* : Le jour et la nuit réels étaient divisés tous deux en douze parties; ces parties ou heures variaient donc en longueur suivant l'époque de l'année. La première heure après de lever du soleil était toujours dédiée à la planète dont c'était le jour. Les heures suivantes étaient dédiées à d'autres planètes suivant tout un système.

2294   Stace de Thèbes est l'auteur de la *Thébaïde*; on y trouve une description des rites exécutés par Émilie au temple de Diane.

2313   Horace nous parle des trois formes de Diane : Diane sur terre, la Lune dans le ciel, et Proserpine en enfers.

2454   Image pour désigner son orbite.

2456   *wan* : vraisemblablement un hypallage.

2459   *cherles* : Problablement allusion à la Révolte des Paysans de 1381.

2683   Les manuscrits ont différentes lectures; passage peu clair.

2750   Jargon médical de l'époque; on considérait que la vie humaine était régie par trois forces, trois vertus : la force naturelle, la force vitale et la force animale. C'est la force animale qui aurait dû expulser le poison du corps d'Arcite.

2804   On situait l'intelligence dans le coeur.

2992   Les quatre éléments fondamentaux.

LE PROLOGUE DU MEUNIER

3124   *Pilates vois* : Pour l'allusion à la représentation des *Mystères*, voir aussi le vers 3384.

3139   *mis-speke* et [*mis*]-*seye*.

3143   Litt. : "a mis le chapeau à l'artisan".

3199   *hende Nicholas* : cf. notamment Anderson (J.J.) (éd.), *Chaucer, The Canterbury Tales* : on remarquera le grand nombre de termes qui parodient le vocabulaire courtois.

3207   *citoual, citoal* : "Sorte d'épice, le zédoaire, graine aromatique qui ressemble au gingembre, mais qui est d'un goût moins âcre et de meilleure odeur" (God.).

3208   *Almageste* : Recueil d'observations astronomiques chez les Anciens.

3210   *augrym* : système de numérotation décimale.

3216   *Angelus ad Virginem* : Hymne à l'Annonciation.

3217   *the kynges noote* : Différentes définitions, voir Robinson.

3248   *pere-jonette* : Poire hâtive et très douce.

3256   *Tour* : La tour de Londres.
        noble : Pièce de monnaie en or, d'une valeur de 6 s/ 8 d.

3261	*bragot* : "Boisson anglaise composée de bière fermentée, de sucre et d'épices" (God.).
3274	*Oseneye* : Actuellement faubourg d'Oxford.
3275-76	Jeu de mots intraduisible sur *queynte*.
3282	*trave* : Cadre dans lequel est maintenu un cheval pendant qu'on le ferre; le français *trave* n'a que le sens de poutre.
3321	*wachet* ? : D'après l'OED (s.v. *watchet*) ce mot proviendrait peut-être de l'ancien français du NE *wache, wachet*. Mais les attestations de ce mot chez Godefroy semblent n'avoir que le sens de 'sorte d'étoffe', alors qu'en anglais il s'agit toujours (d'un vêtement) de la couleur bleu pâle. Dans les notes qui accompagnent sa traduction, Joseph Delcourt nous dit qu'il s'agit ici du "*vaciet*, vieux nom de l'airelle; couleur violette".
3372	Litt. : "il soupira tellement qu'il succomba à la peine".
3384	*Herodes* : Pour l'allusion à la représentation des *Mystères,* voir aussi le vers 3124.
3387	Jeu de mots intraduisible. Cf. "chanter Malbrough".
3389	Litt. : "Elle en faisait son singe".
3392	Cf. "Loin des yeux, loin du coeur".
3407	Litt. : "son désir [celui d'Absalon] et le sien aussi [celui d'Alison].
3445	*Seinte Frideswyde* : Abbesse du VIIIe s.; sainte patronne de la ville et de l'Université d'Oxford. La ville d'Oxford fut construite en raison du culte de cette sainte.
3483-86	Cette incantation nocturne est fondée sur un vieux charme. Mais le charpentier - vraiment fort peu instruit ! - semble embrouiller cette Patenôtre Blanche; cf. également le vers 3818.
3512	De nouveau une allusion aux *Mystères.*
3540	Cet épisode n'est pas attesté dans la Bible, mais est un thème très populaire du théâtre de l'époque : la femme de Noé, méfiante, refuse de s'embarquer.
3548	*kymelyn* : Servait notamment à brasser, pétrir et saler.
3554	*pryme* : Première heure canoniale; commence à six heures du matin.
3655	*laudes* : Partie de l'office divin, chantée à l'aurore après les matines; également l'heure où on les chantait.
3661	*cloisterer* : religieux qui vit dans un cloître, ou gardien du cloître.
3668	*grange* : Ferme écartée appartenant à un établissement religieux.
3684	Sur l'importance des rêves prémonitoires, voir *Le Conte du Prêtre des Nonnes.*

3692	Ou *parisette;* cette plante a quatre feuilles, avec une fleur ou une baie au centre; elle suggère un lacs d'amour.
3708	*Jakke fool* : Terme populaire de mépris; l'expression "faire le Jacques" est évidemment anachronique, mais elle me semble bien traduire *Jakke fool,* tout en lui ressemblant.
3726	Appartiennent à la terminologie courtoise.
3756	Litt. : "Il n'aurait pas donné un cresson".
3767	Métaphore pour désigner la croix.
3770	*viritoot* : Sens inconnu. Ne pourrait-on pas imaginer un composé de *vir* (' homme, mâle ') et de *toot* (OED v. 1 : 'to protude, stick *out,* peep *out*') ?
3771	Saint saxon du IXe s.
3772	Litt. : "ne se souciait pas pour une fève". Remarquons que l'imagerie légumière continue; cf. *Le Prologue du Conte du Prêtre des Nonnes,* vers 3814.
3774	Litt. : "plus d'une corde à sa quenouille". Les allusions continuent à ne pas être flatteuses.
3780	Voir vers 3256.
3818	Confusion entre Noé et Noël; souligne le manque de culture du charpentier. Cf. également vers 3483-86.

LE PROLOGUE DU CONTE DU PRÊTRE DES NONNES

Le Conte du Prêtre des Nonnes suit celui du *Moine*. Les pèlerins ont dû subir une série interminable de petites histoires illustrant la tragédie de la vie humaine. C'est pourquoi l'Hôte réclame un conte moins lourd et moins triste.

2769	et suivants : *hevynesse* : A la fois 'lourdeur' et 'tristesse'.
2782	La Cathédrale Saint-Paul à Londres. Voir aussi *Le Conte du Meunier,* vers 3318.
2783-86	*als* : 'also'
2784	Allusion au *Conte du Moine.*
2794	*clynkyng of your belles* : Cf. la description du Moine dans *Le Prologue Général.*

2810   *Sir John* : Surnom courant des prêtres au moyen âge; ici le véritable nom du prêtre ?

2814   Cf. *Le Conte du Meunier.* vers 3772.

2817   *But* : 'unless'.

2823   *dale* : Mot d'origine anglo-saxonne, avec lequel a convergé le terme d'origine scandinave pour le renforcer essentiellement dans le Nord de l'Angleterre.

2827   *catel* : Il y a probablement un jeu entre le sens 'biens' et le sens 'cheptel', tous deux attestés à l'époque de Chaucer.

2828   Contrairement à l'édition de Ch. Cestre, celles de Robinson et de Hussey ne présentent pas de virgule après *housbondrie.*

2831   Nom de mouton; cf. l'anglais moderne *Moll*, diminutif familier de *Mary.*

2832   *bour* et *halle* sont deux mots d'origine anglo-saxonne généralement appliqués aux palais et grandes maisons. Emploi ironique ici.
sooty : Parce que la maison est probablement construite sans cheminée.

2845   Je crois qu'il faut voir ici le mot *sain* de l'ancien français ('gras', cf. *saindoux*).

2852   *gon* : *Orgon* était resenti comme un pluriel.

2855   On croyait que le cercle équinoxial opérait une révolution complète sur la journée. On mesurait l'angle d'inclinaison entre le soleil et la terre, et on considérait qu'à chaque heure correspondait une ascension de quinze degrés.

2856   *toun* : Ici le mot est toujours fort proche de son sens étymologique : 'endroit enclos', 'cour et dépendances de ferme', ou bien il signifie déjà 'village', 'hameau', les deux sens étant possibles chez Chaucer.

2862   Il ne s'agit pas uniquement des ergots, mais de tous les doigts de la patte.

2879   Premier vers d'une chanson populaire de l'époque. Robinson en reproduit la strophe d'après l'édition de Skeat.

2908   Dans le *Roman de Renard* on trouve la même expression, *avoi, avoy,* qui, selon Godefroy, traduit "l'exclamation de surprise, de terreur, d'affirmation énergique, d'exhortation, de commandement, de prière".

2924   A l'époque de Chaucer, tout ce qui n'était pas attribué à une influence céleste l'était souvent aux humeurs du corps, elles-mêmes associées aux dieux du ciel (La Mélancolie = Saturne; la Colère = Mars; le Flegme = la Lune; le Sang = Vénus). La complexion est une combinaison d'humeurs. Pour leur association avec les qualités fondamentales, voir *Le Prologue Général*, vers 420. Pour leur association avec les couleurs, voir Burton, *Anatomy of Melancholy* (comme on peut le constater dans ce conte, le rouge est lié à la Colère et le noir à la Mélancolie).

2958 *a grote* : Pièce de monnaie d'origine hollandaise; depuis 1351-52, elle valait quatre pence.

2959 Ancien français *tierçain* : fièvre qui revient le troisième jour (en comptant le premier jour de la fièvre), qui laisse un jour de répit entre deux jours de fièvre.

2965 Plutôt que de bourdaine : c'est en principe l'écorce de la bourdaine qui a des vertus laxatives, alors que le sirop de nerprun - purgatif - est extrait des baies de la plante.

2975 Cf. Hussey : imprécation courante.

2975 Caton, Le *Disticha Catonis* (IVe s.).

2983 Cicéron ou Valérius Maximus.

3067-70 Litt. : "Je lis [...] l'histoire de deux hommes qui auraient voulu traverser la mer avec une certaine raison, pour se rendre dans un pays lointain, si le vent n'avait été contraire, qui les fit s'attarder dans la cité".

3072 *tide* : Probablement toujours le sens de 'temps' plutôt que celui de 'marée' ? C'est par des exemples semblables que l'on peut facilement comprendre comment le glissement sémantique s'est effectué.

3092 Cf. Robinson : les hiboux sont fréquemment considérés comme des oiseaux de mauvais augure. On associe souvent les hiboux et les singes.

3110 *Seint Kenelm* : devint roi de Mercie en 821, à l'âge de sept ans. Il rêva qu'il montait sur un arbre, que l'on coupait celui-ci, et que son âme s'envolait vers le ciel sous la forme d'un oiseau.

3114 'saw' et non 'said'.

3118 *tellen* : Dans le sens de 'esteem'.

3120 Litt. : "J'aurais plus volontiers que ma chemise que tu [...]".

3123 Macrobe n'était que le commentateur du *Somnium Scipionis*.

3124 *Somnium Scipionis* : Fin du traité *De Republica* de Cicéron.

3138 Cf. la fin du *Conte du Moine*.

3154 Cf. 3118 : *tellen* = 'to esteem'.

3163 Cf. note de Robinson : *In Principio* est le début de l'Évangile selon saint Jean.

3170 *sweven* et *dreem*. Il ne semble pas que Chaucer établisse une différence entre les deux mots; ils se renforcent donc probablement.

3194 Le Taureau : avril-mai.

3195	*degrees* : Les degrés du mois lunaire; correspondent chacun à un jour.
3215	*col-fox* : Renard aux oreilles et à la queue noires.
3221	*wortes* : a le sens : 1) soit de 'plante, herbe ou légume utilisé pour la nourriture ou la médecine', 2) soit de 'nom générique des choux'. S´agit-il de choux (cf. le papillon du vers 3274) ou des herbes médicinales que Pertelote voulait faire prendre à son époux ?
3222	*undren* : Le plus souvent neuf heures du matin.
3224	*gladly* : 'habituellement'.
3240	Litt. : "Je ne sais pas et je ne puis le tamiser jusqu´au son".
3242	*Bradwardin* : 1290-1349, théologien anglais; suivant sa théorie, Dieu oblige nécessairement l´homme à faire ce qu´il a prévu; suivant saint Augustin, l´homme garde quand même la liberté du choix; suivant Boèce, Dieu ne force jamais l´homme que par une nécessité conditionnelle.
3256	Je suis la ponctuation de Hussey.
3271	Bestiaire latin; contient un passage intitulé *De Sirenis*.
3274	Cf. note au vers 3221.
3307	*ergots* : Cf. vers 2862, mais le français dira plutôt *ergots*.
3312	Dans le poème latin *Speculum Stultorum* de Nigel Wireker (XIIe s.).
3331	*ergots* : Cf. *supra* (2862 et 3307).
3342	Vendredi est le jour de Vénus.
3347	Geoffroy de Vinsauf.
3348	Richard Coeur de Lion fut tué un Vendredi (1199); Geoffroy de Vinsauf écrivit un poème sur sa mort.
3355	Litt. : "Certes, jamais tel cri ou lamentation ne fut poussé par les dames quand Ilion fut prise et quand Pyrrhus avec son épée tirée eut saisi le roi Priam par la barbe et l´eut tué, comme nous le dit l´Enéide, que ne le firent toutes les poules dans l´enclos.".
3384	*Malkin* : Diminutif familier de Mathilde.
3394	*Jakke Straw* : Lors de la Révolte des Paysans de 1381; les Flamands furent poursuivis et mis à mort au cours de la révolte : on leur reprochait notamment de venir prendre le travail des Anglais.
3410	*maugree youre heed* : 'malgré vous, malgré tout ce que vous pouvez faire' (cf. OED s.v. *head,* sb., 60).
3443	Vers de Chaucer souvent cité; titre d´un ouvrage.
3459	*greyn of Portingale* : ancien français *graine* : 'employé à la teinture de l´écarlate'. Il s´agit du produit de la cochenille ou du kermès (aussi appelé *Scarlet Grain*).

brasil : 'du brésil' : 'le bois de teinture qui, séché et pulvérisé, donne une matière colorante rouge'. Il est intéressant de remarquer que c'est le pays qui tire son nom du bois et non le contraire. L'anglais *brazil* (ME *brasile*) vient du français *brésil*, qui remonte probablement au substantif français *braise* (ou au verbe *briser*). On donna le nom de *tierra de brasil* au pays à la suite de la découverte dans celui-ci d'une essence d'arbre dont on retirait le même genre de teinture.

BIBLIOGRAPHIE SOMMAIRE

I. Bibliographies

GRIFFITH D.D., *Bibliography of Chaucer, 1908-1953*, University of Washington Press, 1955.

CRAWFORD W.R., *Bibliography of Chaucer, 1954-1963*, University of Washington Press, 1967.

SIMON J.R., "Bibliographie de Chaucer", *Bulletin des Anglicistes Médiévistes*, 1974, pp. 56-60.

II. Éditions et Traductions

BENNETT J.A.W., *Chaucer, The Knight's Tale*, Londres, 1954.

BREWER O.S., *Geoffrey Chaucer, The Works, 1532*, Londres, 1974.

CAWLEY A.C., *Canterbury Tales, Edited with an Introduction*, Londres, Everyman's Library, 1966.

COGHILL N., *The Canterbury Tales, Translated into Modern English*, Harmondsworth, Penguin, 1968.

DELATTRE Fl., CAZAMIAN L., HUCHON R., DELCOURT J., CESTRE Ch., *Chaucer, Les Contes de Canterbury (The Canterbury Tales) : Introduction, General Prologue, Clerk's Tale, Miller's Tale, Nun's Priest's Tale*, Paris, 1942.

DELCOURT J., *Geoffrey Chaucer, Contes de Cantorbéry, Contes Choisis (The General Prologue, The Clerk's Tale, The Franklin's Tale)*, Paris, 1946.

FISHER John H., *The Complete Chaucer*, New York, 1977.

FOUCHER J.-P., *Les Contes de Cantorbéry*, Paris, 1908, 1974 (Le Livre de Poche).

HODSON Ph., *General Prologue, Canterbury Tales*, Londres, 1969.

HUSSEY M., *The Nun's Priest's Prologue and Tale From the Canterbury Tales,* Cambridge University Press, 1970.

LUMIANSKY R.M., *The Canterbury Tales, A Modern English Translation,* New York, 1965.

MANLY J.M., RICKERT E., *The Text of the Canterbury Tales,* University of Chicago Press, 1940, 8 vol.

REVUE GERMANIQUE, traduction dans les numéros de 1906-1908.

ROBINSON F.N., *The Poetical Works of Geoffrey Chaucer,* Oxford University Press, 1933 (2), 1957.

SCHMIDT A.V.C., *The General Prologue to the Canterbury Tales and the Canon's Yeoman's Prologue and Tale,* Cambridge University Press, 1974.

SKEAT W.W., *The Complete Works of Geoffrey Chaucer,* Oxford, 1894-1900, 7 vol.

SPEARING A.C., *The Knight's Tale. From the Canterbury Tales,* Cambridge University Press, 1966.

TRAPP J.B., *Medieval English Literature, The Oxford Anthology of English Literature,* Oxford University Press, 1973.

WINNY J., *The General Prologue to the Canterbury Tales,* Cambridge University Press, 1969.

WINNY J., *The Miller's Prologue and Tale. From the Canterbury Tales,* Cambridge University Press, 1971.

WRIGHT D., *The Canterbury Tales, Translated into Modern English Prose,* Londres, 1964.

III. Ouvrages, articles de critique

ANDERSON J.J., ed., *Chaucer, The Canterbury Tales, a Selection of critical Essays,* Londres, 1974 (nt. *Le Conte du Chevalier, Le Conte du Meunier* et *Le Conte du Prêtre des Nonnes).*

BARTHOLOMEW B., *Fortuna and Natura, A Reading of Three Chaucer Narratives,* La Haye, 1966 (nt. *Le Conte du Chevalier).*

BOWDEN M., *A Commentary on the General Prologue to the Canterbury Tales,* Londres, 1948.

BOWDEN M., *A Reader's Guide to Geoffrey Chaucer*, Londres, 1965.

BREWER D., ed., *Geoffrey Chaucer*, Londres, 1974.

BRYAN W.F., DEMPSTER G., ed., *Sources and Analogues of Chaucer's Canterbury Tales*, Londres, 1941, rééd. 1958 (nt. *Le Conte du Chevalier, Le Conte du Meunier,* et *Le Conte du Prêtre des Nonnes*).

BURROW J.A., *Geoffrey Chaucer*, Penguin, 1969.

CORSA H.S., *Chaucer, Poet of Mirth and Morality*, University of Notre Dame Press, 1964.

CRAIK T.W., *The Comic Tales of Chaucer*, Londres, 1967.

DEMPSTER G., *Dramatic Irony in Chaucer*, New York, 1959.

DONALDSON E.T., *Speaking of Chaucer*, Londres, 1970.

HIEATT C.B., *The Realism of Dream Visions : The Poetic Exploitation of the Dream-Experience in Chaucer and his Contemporaries*, La Haye, 1967.

HOFFMAN R.L., *Ovid and the Canterbury Tales*, Philadelphie, 1966.

HUPPÉ B.F., ROBERTSON D.W., *Fruyt and Chaf, Studies in Chaucer's Allegories*, Princeton, 1963.

HUPPÉ B.F., *A Reading of the Canterbury Tales*, State University of New York, 1964, revised ed. 1967.

HUSSEY M., *Chaucer's World, a Pictorial Companion*, Cambridge University Press, 1968.

HUSSEY M., SPEARING A.C., WINNY J., *An Introduction to Chaucer*, Cambridge University Press, 1965.

JEFFERSON B.L., *Chaucer and the Consolation of Philosophy of Boethius*, New York, 1965.

KERKHOF J., *Studies in the Language of Geoffrey Chaucer*, Leiden, 1966.

KITTREDGE G.L., *Chaucer and his Poetry*, Cambridge, 1936.

KNIGHT St., *Rymyng craftily*, Londres, 1973.

KOONCE B.G., *Chaucer and the Tradition of Fame,* Princeton, 1966.

LEGOUIS E.. *Geoffroy Chaucer,* Paris, 1910 (2), 1936.

MOGAN J.J., *Chaucer and the Theme of Mutability,* La Haye, 1969.

MOSSÉ F., "Anthroponymie et histoire littéraire : Le *Roman de Renart* dans l'Angleterre du Moyen Age", *Les Langues Modernes,* XLV (1951), pp. 22-36.

MUSCATINE Ch., *Chaucer and the French Tradition, A Study in Style and Meaning,* University of California Press, 1960.

PETERSEN K.O., *On the Sources of the Nonne Prestes Tale,* Brooklyn, 1898, repr. New York, 1966.

ROBERTSON D.W., *A Preface to Chaucer, Studies in Medieval Perspectives,* Princeton University Press, 1969.

ROBINSON I., *Chaucer and the English Tradition,* Cambridge University Press, 1972.

ROWLAND Beryl, ed., *Chaucer and Middle English Studies. In Honour of Rossell Hope Robbins,* Londres, 1974.

ROWLAND B., *Companion to Chaucer's Studies,* Oxford University Press, 1968, repr. 1975.

SALTER E., *Chaucer : The Knight's Tale and the Clerk's Tale,* Londres, 1962.

SCHIRMER W.F. , ed., *Chaucer and seine Zeit, Symposion für Walter F. Schirmer,* Tübingen, 1968.

SCHOECK R., TAYLOR J., ed., *Chaucer Criticism, The Canterbury Tales,* University of Notre Dame Press, 1960.

SCOT A.F., *Who's Who in Chaucer,* Londres, 1974.

SPEARING A.C., WINNY J., *An Introduction to Chaucer,* Cambridge University Press, 1965.

SPURGEON C.F.E., *Chaucer et la Critique en Angleterre et en France depuis son Temps jusqu'à nos Jours,* New York, Franklin, 1972.

SPURGEON C.F.E., *Five Hundred Years of Chaucer Criticism and Allusion,* New York, 1960, 3 vol.

TATLOCK John S.P., KENNEDY A.G., *A Concordance to the Complete Works of Geoffrey Chaucer and to the Romaunt of the Rose,* Gloucester (Mass.), 1963.

USSERY H.E., *Chaucer's Physician, Medicine and Literature in 14thC England,* Tulane Studies in English, 1971.

WHITTOCK T., *A Reading of the Canterbury Tales,* Cambridge University Press, 1968.

WOOD Ch., *Chaucer and the Country of the Stars,* Princeton University Press, 1970.

TABLE

150